Santos y ángeles

N

Santos y ángeles

Una guía de ayuda celestial
para cada área de tu vida

DOREEN VIRTUE

Grupo Editorial Tomo, S. A. de C. V.
Nicolás San Juan 1043,
03100, Ciudad de México.

1.ª edición, marzo 2018.
2.ª edición, agosto 2018.

© *Saints & Angels*
A Guide to Heavenly Help for Comfort,
Support, and Inspiration
por Doreen Virtue, Ph. D.
Copyright © 2018 por Doreen Virtue, Ph. D.
Publicación original en inglés por
Hay House Inc., California, U.S.A.

© 2018, Grupo Editorial Tomo, S. A. de C. V.
Nicolás San Juan 1043, Col. Del Valle
03100, Ciudad de México.
Tels. 5575-6615, 5575-8701 y 5575-0186
Fax. 5575-6695
www.grupotomo.com.mx
ISBN-13: 978-607-415-840-3
Miembro de la Cámara Nacional
de la Industria Editorial N.° 2961

Traducción: Lorena Hidalgo Zebadúa
Diseño de portada: Karla Silva
Formación tipográfica: Marco A. Garibay
Supervisor de producción: Leonardo Figueroa

Derechos reservados conforme a la ley.
Ninguna parte de esta publicación podrá ser reproducida o
transmitida en cualquier forma, o por cualquier medio electrónico
o mecánico, incluyendo fotocopiado, audio, etc., sin autorización
por escrito del editor titular del *copyright*.

Este libro se publicó conforme al contrato establecido entre
Hay House, Inc., UK Ltd. y *Grupo Editorial Tomo, S. A. de C. V.*

Impreso en México - *Printed in Mexico*

A Jesús de Nazaret.

¡Gracias por salvarme!

Contenido

Introducción 11

Primera parte: la Santísima Trinidad

Conectando con la Santísima Trinidad 21
Dios Padre 27
Jesús Hijo 35
Espíritu Santo 39
Dios Trino 49

Segunda parte: los ángeles

Comprendiendo a los ángeles 55
Serafín 73
Querubín 75
Arcángeles 79
    Arcángel Miguel 83
    Arcángel Gabriel 87
    Arcángel Rafael 91
    Arcángel Uriel 95
Ángeles de la guarda 97

Santos y ángeles

Tercera parte: los santos

Obtén inspiración en los santos 103
  Santa Águeda de Catania 107
  Santa Ana 111
  San Antonio de Padua 115
  Santa Bárbara 119
  San Benito de Nursia 123
  Santa Bernardita Soubirous 127
  Santa Catalina de Alejandría 131
  Santa Catalina de Siena 135
  Santa Catalina Tekakwitha 139
  Santa Cecilia 143
  Santa Clara de Asís 147
  San Cristóbal de Licia 151
  Santa Dimpna de Irlanda 155
  Santa Faustina Kowalska 159
  Santa Filomena 163
  San Florián de Lorch 167
  San Francisco de Asís 171
  Santa Gema Galgani 175
  San Gerardo Mayela 179
  Santa Hildegarda de Bingen 183
  San José de Nazaret 187
  San Juan Bautista 191
  San Juan de la Cruz 195
  Santa Juana de Arco 199
  San Judas Tadeo 203
  Santa Madre Teresa de Calcuta 207
  Santa María Goretti 211
  Santa María Magdalena 215

Santa María, la Santísima Virgen 219
San Maximiliano Kolbe 223
San Nicolás de Bari 227
San Pablo de Tarso 231
San Padre Pío de Pietrelcina 235
San Patricio de Irlanda 239
San Pedro 243
Santa Rita de Casia 247
San Sebastián 251
Santa Teresa de Jesús 255
Santa Teresa de Lisieux 259
Santo Tomás de Aquino 263
Santo Tomás Moro 267
San Valentín 271

Epílogo. Honrando a los santos y a los ángeles
    y orando a Dios 275
Apéndice. Oraciones para temas específicos 279
Bibliografía 293
Sobre la autora 317

Introducción

Hace mucho tiempo, mi manera de considerar la espiritualidad era «mientras más amigos tenga en el mundo espiritual, mejor». Pensaba que, siempre y cuando me mantuviera cerca de Dios y Jesús, podría invocar a cualquiera del mundo espiritual y estaría protegida. A fin de cuentas, no estaba venerándolos, ese era mi razonamiento, así que estaba obedeciendo las leyes de Dios.

Pero más tarde descubrí que es así si primero rezas para pedirle a Dios que te guíe en cuanto a con quién te relacionas y después te pones la «armadura de Dios» (Efesios 6:11). No sabía que era esencial «Examinar los espíritus para ver si vienen de Dios» (1 Juan 4:1-6). Tenía una política de puertas abiertas y, por desgracia, los seres indeseables también pueden cruzarlas.

Las oraciones que rezaba todos los días, sobre las que escribía y de las que hablaba en mis talleres, siempre estaban dirigidas a la Santísima Trinidad. También invocaba (no les rezaba, pues las oraciones y la veneración solo son para Dios) al arcángel Miguel y a algunos santos que me eran familiares. Nunca sentí la necesidad de salirme de ese círculo, pues me enriquecía mucho. Sin embargo, no hablaba, ni escribía, ni enseñaba sobre la Santísima Trinidad tanto como hubiera querido por temor a incomodar a quienes no siguen el camino cristiano.

Todo cambió en 2015, cuando estaba escribiendo *Loving Words from Jesus Cards*. Por primera vez en mi vida leí a conciencia la palabra de Jesús en los Evangelios. Ya había leído partes de los Evangelios, pero esa fue la primera vez que los leí completos. Mi impresión de Jesús se había centrado en su sanación y en sus enseñanzas, como «Pidan y se les dará; busquen y hallarán; llamen y se les abrirá la puerta» (Mateo 7:7). La versión de Jesús siempre positiva, adorable y que dan ganas de abrazar.

No obstante, mientras leía los Evangelios descubrí el lado asertivo de Jesús. Enseñó sólidos lineamientos y límites que resonaron en mi interior. Por ejemplo, Jesús dijo que, si nos daba vergüenza hablar sobre él en público, él también se avergonzaría de nosotros (Mateo 10:32-33, Marcos 8:38 y Lucas 9:26).

Bien, me mostraba renuente a hablar sobre Jesús en mis libros y talleres porque, cada vez que lo hacía, algunas personas del público se quejaban. Decían que era «demasiado patriarcal», que era un mito, que Constantino había modificado la Biblia, que la Biblia era misógina y que la religión estaba llena de hipócritas hirientes. Con el afán de evitar conflictos dejé a Jesús fuera de mis enseñanzas. Pero siempre me incomodó porque quería compartir con los demás mi amor por Jesús. Lo cierto es que permití que mi miedo al conflicto me desviara hacia otra dirección.

Así que, cuando profundicé en la palabra de Jesús, en 2015, me di cuenta de que necesitaba compartir abiertamente sus enseñanzas, aunque eso implicara el riesgo de ofender a algunas personas. En busca de apoyo y por la necesidad de estudiar más la Biblia, me uní a la Iglesia Internacional del Evangelio Cuadrangular a la que empecé a asistir los domingos. Al año siguiente, me guiaron a que me uniera a la Iglesia Episcopal, y me pareció que tenía la proporción perfecta de enseñanzas bíblicas, de

Introducción

oportunidades para hacer obras de caridad, de apertura de mente y de no emitir juicios.

Y entonces, a principios de 2017, tuve una llamada de atención espiritual que me cambió la vida para siempre, incluyendo mis creencias y prácticas espirituales. Estaba en el oficio de una iglesia episcopal cuando presentaron a una mujer y le reconocieron todo su trabajo como voluntaria. Su pureza, su generosidad y su humildad me asombraron y, de repente, desapareció de mi vista. En su lugar apareció una enorme imagen de Jesús. Todo el mundo y todo a mi alrededor se desvaneció, yo solo veía a Jesús de casi dos metros con su sagrado corazón perfectamente visible. Vestía ropa de lino y tenía los brazos abiertos hacia mí, como si me invitara a abrazarlo.

Era tridimensional como cualquier persona; no era una visión borrosa. Era una persona real y viva que estaba deliberadamente frente a mí. Lo rodeaba una luz que emitía rayos tan resplandecientes como el sol y de su corazón salían rayos de luz.

No pronunció palabra alguna, sin embargo, su presencia me transmitió conocimiento. Primero, sabía que era real y que Jesús sabe quién es cada persona. De inmediato supe que los relatos de la Biblia son verdaderos, ¡absolutamente todos! El virginal nacimiento, los milagros, la crucifixión, la resurrección y la ascensión. El conflicto que me causaban los relatos sobre Jesús (*¿Eran reales? ¿Eran un mito? ¿Una distorsión?*) cesó de manera instantánea. Jesús era real, es real.

No recuerdo con claridad el resto del oficio. No sabría decirte quién estaba en la iglesia conmigo ni cómo manejé de regreso a mi casa. Pero en cuanto llegué, me metí a Internet a investigar lo que acababa de ver. Escribí «rayos del sagrado corazón de Jesús» en el navegador y aparecieron imágenes llamadas

La Divina Misericordia que representaban una visión de Santa María Faustina. La visión que tuve de Jesús era similar, excepto que, en la mía, había rayos de luz dorada que brillaban alrededor de su corazón, en lugar de los rayos de luz rojos y blancos que salían hacia abajo en la visión de Santa María.

Esa visión me llenó de preguntas. ¿El Jesús que vi estaba sanándome? ¿Estaba inspirándome a que fuera más como la mujer súper voluntaria que presentaron ese día en la iglesia? ¿Estaba llamándome a que lo siguiera más de cerca? Cuando recé para obtener respuesta a esas preguntas, me sentí guiada a compartir mi visión por medio de un corto video en YouTube. Varios meses después trabajé con el artista Howard David Johnson para recrear mi visión de Jesús en una pintura que adoro.

Dos semanas después, mientras estaba quedándome dormida, tuve otra visión. Vi a Jesús flotando sobre la Tierra oscurecida, y enviaba una luz dorada desde su corazón para despertar y proteger a todos los habitantes del planeta. La visión pareció metafórica y literal al mismo tiempo, como si representara una energía oscura que cubría el planeta y quizá un mensaje profético sobre un apagón a nivel mundial. En ambos casos, Jesús estaba ayudándonos a todos.

Empecé a leer la Biblia todas las mañanas y a rezar más que nunca para ser guiada según la voluntad de Dios. A fin de cuentas, ya casi había abandonado mi terquedad después de que por poco muero en un intento de robo a mano armada en 1995, cuando no hice caso a la advertencia de Dios. Así que estaba acostumbrada a rezar y a seguir la voluntad de Dios… casi siempre. Confieso que había ocasiones en las que no pedía la guía de Dios antes de tomar alguna decisión y actuar. ¡Y fueron esas ocasiones en las que después tuve que ir corriendo a pedirle a Dios que arreglara el desastre que había ocasionado!

Me di cuenta de que nunca me habían bautizado, pues la iglesia unida a la que asistía de niña no realizaba bautizos. ¡Nunca había pensado en ser bautizada! Una sabiduría interior, quizá proveniente del Espíritu Santo, me guio para rectificarlo. Le pregunté al sacerdote de mi iglesia episcopal, el padre David, si él querría llevar a cabo el bautizo y aceptó. Tuve dos reuniones con él como preparación para la ceremonia.

Esta iglesia realiza los bautizos en el mar y, el 25 de febrero de 2017, el día de mi bautizo, el mar estaba agitado con grandes olas y fuertes corrientes. Tragué saliva, pero el padre David y mi esposo, Michael, me aseguraron que me sostendrían. Vestida con un largo vestido blanco entré caminando al mar al atardecer; el padre David comenzó la ceremonia que terminó conmigo zambulléndome tres veces por el Padre, el Hijo y el Espíritu Santo.

Pensé que tendría una epifanía o alguna revelación divina durante el bautizo. Pero, en lugar de adquirir una nueva percepción, tuve la sensación de una desintoxicación espiritual. Sentí que estaba limpiándome de apegos y energías inferiores.

Después de que salimos del mar, el padre David dibujó una cruz en mi frente con un aceite que el obispo episcopal (un hombre increíblemente humilde y docto que unos meses más tarde ofició mi confirmación) había trabajado por medio de la oración. Mientras dibujaba la cruz, el padre David me miró a los ojos y dijo, «El Espíritu Santo te ha sellado y has sido marcada como hija de Cristo para la eternidad». Sus palabras me hicieron toser al darme cuenta del compromiso eterno que acababa de realizar. La permanencia de este cambio espiritual fue como ningún otro compromiso que hubiera hecho antes. Y lo acepté con el corazón.

El bautizo cambió todo, como se promete en las Escrituras: «Ustedes reconocen en esto [el agua] la figura del bautismo que ahora los salva; pues no se trata de una limpieza corporal, sino que se le pide a Dios una renovación interior» (1 Pedro 3:21). Siempre he sido sensible a la energía y sentí la fuerte presencia del Espíritu Santo y escuché sus enseñanzas. (Aunque sé que algunas personas experimentan al Espíritu Santo como energía femenina, yo lo siento como un maestro masculino).

Seguí estudiando la Biblia ávidamente; la leí de cabo a rabo y asistí a grupos de estudio. La Biblia está llena de mensajes que son conocimiento esencial para esta era moderna, además de mensajes que otorgan consuelo y relatos inspiradores. Mis estudios me motivaron a escribir este libro, que es una colección de historias e información para que profundices tu relación personal con Dios, los ángeles y los santos.

En la primera parte de este libro, «La Santísima Trinidad», veremos cómo conectar con Dios por medio de la oración, pues es una importante herramienta que puedes usar para acercarte más a Dios, a Jesús y al Espíritu Santo. También comprenderás mejor quién eres, a través de tu conexión con la Trinidad. Después, en la segunda parte, «Los ángeles», veremos qué dice la Palabra de Dios sobre los seres angélicos, incluyendo los increíbles relatos de la Biblia, y las descripciones de los papeles que los ángeles desempeñan en nuestra vida. Finalmente, la Tercera Parte presenta 42 santos cuyas historias nos inspiran a seguir la guía de Dios y a vivir una vida piadosa.

Una de las razones por las que incluyo a los santos en este libro es porque su vida es una gran inspiración para mí. Los santos fueron personas valientes durante sus vidas, personas que se enfrentaron a terribles sufrimientos y críticas mientras se aferraban a sus creencias.

La gente suele acudir a los santos, a los ángeles y a otras deidades para conectarse con Dios. Muchos de estos íconos pro-

Introducción

porcionan una comprensión de Dios de manera que alienta la empatía, pues algunas de las experiencias terrenales de los santos nos dan inspiración y esperanza. No tiene nada de malo honrar su legado con la veneración que merecen y que nos inspire el ejemplo espiritual que nos proporcionan.

No olvides que la Biblia asegura que no es correcto rezar a nadie que no sea Dios, Jesús y el Espíritu Santo: «Hay un solo Dios y un solo mediador entre Dios y los hombres: Jesucristo, hombre él también» (1 Timoteo 2:5). Nadie, además de Jesús, puede interceder por nosotros, lo cual indica claramente que ni los santos ni los ángeles tienen autoridad para interceder con nuestras oraciones a ellos: «Por eso es capaz [Jesús] de salvar a los que por su medio se acercan a Dios. Él sigue viviendo e intercediendo en favor de ellos» (Hebreos 7:25).

¿Por qué Dios necesitaría a los santos, a los ángeles y a otras deidades para interceder por nosotros cuando tiene a su propio Hijo para hacerlo? Cuando necesitamos respuestas en serio, ¡nos vamos con el de hasta arriba! Dios escucha y responde a nuestras oraciones; no se basa en quién hace la petición sino que actúa de acuerdo a su voluntad: Juan 5:14.

Aunque apreciemos la historia y el simbolismo que muchas de estas deidades traen a nuestra vida espiritual, es importante no caer en una situación en la que adoremos, recemos o pongamos nuestra fe en alguien que no sea Dios: el Primer Mandamiento no deja lugar a dudas:

> *No tendrás otros dioses fuera de mí. No harás estatua ni imagen alguna de lo que hay arriba, en el cielo, abajo, en la tierra, y en las aguas debajo de la tierra. No te postres ante esos dioses, ni les sirvas, porque yo, Yavé, tu Dios, soy un Dios celoso. Yo pido cuentas a hijos, nietos y biznietos*

> *por la maldad de sus padres que no me quisieron (Éxodo 20:3-5).*

Gran parte del Nuevo Testamento es el relato de Dios tratando de conducir a su pueblo para que vuelva a voltear a él. Los capítulos del Antiguo Testamento están llenos de historias tristes sobre personas que adoraban a sus ídolos y se alejaban de Dios. Por tanto, puesto que estás leyendo *Santos y ángeles*, te invito a que atesores lo que es sagrado y que te acerca más a Dios. No olvides que él es el único al que hay que adorar y es quien escucha nuestras oraciones.

En estas páginas te comparto las maravillas que Dios nos ofrece como un libro de referencia y como inspiración. Rezo por que este libro responda algunas de tus preguntas, así como mi estudio espiritual respondió las mías, y que sea parte de tu cada vez más profunda relación con Dios.

**Con amor y respeto,
Doreen**

Primera parte

La Santísima Trinidad

Conectando con la Santísima Trinidad

El objetivo de esta sección del libro es profundizar tu comprensión sobre Dios, Jesús y el Espíritu Santo, también conocidos como la «Trinidad». La Santísima Trinidad se conoce mejor a través de la experiencia, pues así puedes sentir su amoroso poder y presencia. Y también te ayuda a entender el aspecto intelectual.

A medida que conozcas más sobre cada Persona de la Santísima Trinidad estarás más preparado para responder a tus preguntas sobre fe y propósito. Sí, utilicé la palabra Persona a propósito, pues cada miembro de la Santísima Trinidad está viva y es amorosa. Todas son uno y están unidas, con propósitos que se entrecruzan. Así como el vapor, el hielo y el agua son componentes del H_2O, de igual manera el Padre, el Hijo y el Espíritu Santo son formas del Divino Creador.

Existen dos puntos de vista diferentes sobre la Santísima Trinidad:

- El Padre, el Hijo y el Espíritu Santo son tres seres distintos e independientes. Jesús es el Hijo de Dios, pero no es Dios.

- El Padre, el Hijo y el Espíritu Santo son aspectos de un solo Dios. Jesús era Dios que tomó forma humana cuando vino a la Tierra para ser nuestro maestro y mensajero.

Muchas fes cristianas aceptan y concuerdan con la doctrina de la Santísima Trinidad, aunque muchos fieles tienen confusiones sobre la Trinidad. O saben que es «tres en uno» pero no reconocen cada parte de Dios de manera individual, como una Persona. Más adelante, en la primera parte, hablaremos de cada Persona, así como del Dios trino unificado, para entenderlo con mayor claridad.

Existen muchos libros y enseñanzas que te indican de qué forma «hacer» algo. Hay muchos consejos sobre prácticas, como rezar, atestiguar, y otras más. Pero existe una diferencia entre aprender a «hacer» y solo conocer a Dios de manera más personal. Experimentar a Dios en toda su gloria por el placer de acercarnos a él es justo lo que Él desea. Dios es amor. Puedes experimentar más del amor de Dios si lo conoces, ya sea como uno o como tres seres.

Rezar a la Trinidad

Mucha gente quiere saber si está bien rezar a Dios, a Jesús y al Espíritu Santo. ¿Le rezamos solo a Dios o podemos rezarle a los tres? Según las Escrituras, la oración debe ser dirigida a Dios Trino. Esto quiere decir Dios como Padre, Hijo y Espíritu Santo. Puesto que los tres son esencialmente uno, puedes rezar a cualquiera o a todos.

Formas de rezar

Rezar es hablar con Dios, con Jesús o con el Espíritu Santo igual que como hablarías con otra persona. Rezar es darte un tiempo específico para contactar con Dios. Puede ser haciendo peticiones, dándole gracias o sentándote en silencio, escuchando. Puedes rezar acostado, de pie, sentado, en la calle mientras caminas, etc. No se trata de reglas, lo importante es tu sinceridad y tu transparencia para con Dios.

¡Vuelca tu corazón a Dios! ¡Dile todo! Él sabe qué hay en tu corazón, pero cuando lo compartas con él sentirás su cercanía y tendrás más confianza en él.

En Mateo 6:9 y Lucas 11:1-4 Jesús enseñó a sus discípulos a rezar. Aunque existen muchas traducciones del Padre Nuestro, cada una con pequeñas diferencias en palabras, decidí incuir la más conocida y que aparece en muchos libros de oración:

Padre Nuestro que estás en el cielo,
santificado sea tu nombre.
Venga a nosotros tu reino.
Hágase tu voluntad en la tierra como en el cielo.
Danos hoy nuestro pan de cada día.
Y perdona nuestras ofensas,
como nosotros perdonamos a los que nos ofenden.
No nos dejes caer en tentación
y líbranos del mal.

Date cuenta de que al principio, Jesús se dirige a su Padre y lo venera. Después pide que se haga la voluntad de Dios, y pide alimento diario y perdón, y ofrece perdón a quienes lo han ofendido. Por último pide ayuda para permanecer alejado del mal.

Mucha gente termina sus oraciones diciendo «En nombre de Jesús, Amén» debido al mensaje de Juan 14:13-14: «Y yo haré todo lo que ustedes pidan en mi Nombre, para que el Padre sea glorificado en el Hijo. Si ustedes me piden algo en mi Nombre, yo lo haré».

Sin embargo, no es una fórmula mágica, porque Dios solo concede lo que se alinea con su voluntad. Las oraciones dichas en nombre de Jesús, de acuerdo con la voluntad de Dios, son muy poderosas. Un ejemplo es rezar por una situación que te perturba y pedir que se te muestre la voluntad de Dios o decir: «Hágase tu voluntad». Esto evita que entreguemos a Dios un guion sobre cómo queremos que nos responda y, al contrario, nos ayuda a rendirnos a su voluntad con gracia y agradecimiento.

El Padre Nuestro es solo un ejemplo de cómo rezar. Dios desea que acudamos a él con una oración que encierre la simpleza y la humildad de un niño. Si no estás seguro de cómo rezar, háblale a Dios como le hablarías a tu mejor amigo o a una figura de autoridad en quien confías. Él no califica las palabras que uses. No le preocupa que hables bajito o en voz alta. Solo quiere que seas sensible y que te acerques a él con el corazón sincero.

También me encantan los devotos salmos del Rey David, que siempre comienzan dando gloria a Dios, como el Salmo 8:1, «Señor, nuestro Dios, ¡qué admirable es tu Nombre en toda la tierra! Quiero adorar tu majestad sobre el cielo» y el Salmo 9:1, «Te doy gracias, Señor, de todo corazón y proclamaré todas tus maravillas». Alabar a Dios te ayuda a sentirte más cerca de él.

Cuando no estés seguro de cómo rezar pide al Espíritu Santo que te ayude. Él está contigo y la Palabra dice que, cuando no sabemos cómo rezar, él reza por nosotros. También puede enseñarnos a rezar y revelarnos la voluntad de Dios. Mucha gente se queda atascada, pues se juzga duramente a sí misma por la manera en que reza o se compara con los demás. Deshazte de esa forma de pensar. No rezamos para impresionar a Dios ni a otras personas. Se trata de cultivar una relación con Dios, con Jesús y con el Espíritu al hablar de lo que sentimos con el corazón.

No olvides que Dios no es un genio personal que nos concede deseos. Su voluntad está más allá de la comprensión humana. Dios nos ama y nos cuida y, mientras más confiemos en él, menos lucharemos con la ayuda que nos ofrece. Me gusta mucho 1 Juan 5:14, que dice: «Con él tenemos la certeza de que, si le pedimos algo conforme a su voluntad, nos escuchará». En otras palabras, cuando nuestras oraciones están alineadas con la voluntad de Dios, son respondidas.

Dios Padre

Dios es tu creador y fuiste creado a imagen y semejanza de Dios (Génesis 1:26-27). De manera que Dios es tu verdadero padre espiritual y tú eres hijo de Dios.

Antes de los tiempos de Jesús, Dios era llamado con nombres como *Elohim*, *Adonai*, *YHWH* o *Señor*. Después, cuando llegó Jesús, se refirió a Dios como Padre en más de 150 ocasiones. Y en muchos versículos de la Biblia, Jesús llama a Dios «Abba», que es una manera familiar y personal de decir «mi padre». Bien, Dios es el Padre de Jesús, así que tiene sentido, pero ¿y todos nosotros?

Es interesante que, antes de los tiempos de Jesús, Dios es llamado «nuestro Padre» en el Antiguo Testamento, en Isaías 63:13 y 64:8. La frase fue generalizada para referirse a «Padre de la gente». Jesús también exhortó a sus discípulos a rezar el Padre Nuestro con esas palabras.

Ahora, para entender cómo esta metáfora puede darnos una idea del Dios Paternal, debemos alejarnos por un momento del siglo XXI y voltear al pasado, cuando la sociedad patriarcal era lo más común. Aunque es posible que se considere ofensivo para los estándares sexistas actuales, en aquel entonces, el padre de la familia era la cabeza del hogar. Tenía total autoridad sobre cualquiera y se dedicaba a guiar, proveer, cuidar y apoyar a la familia.

A su vez, la familia contaba con que el padre realizara dichas tareas y le daban respeto y honor; confiaban en que las cumpliría lo mejor que pudiera. Hoy en día, el papel que desempeñan el padre, la madre y el hijo está menos definido. Muchos padres están física o emocionalmente ausentes o el padre es quien se queda en casa y atiende a los niños mientras la madre sale en busca de ingresos.

Puesto que la Biblia se escribió en una época patriarcal, los autores se referían a Dios como Padre para que la gente entendiera quién y qué era Dios. En el Antiguo Testamento es descrito varias veces como Padre, pues era el Padre el pueblo de Israel. En el Éxodo 4:22, Dios dice que Israel es su «primogénito».

No obstante, una vez que Jesús entró a escena, el uso del término aumentó de manera importante. Jesús vino a mostrar a Dios como Padre de forma más cálida y personal, sabiendo que hombres, mujeres y niños serían capaces de entender a Dios más íntimamente si expresaba su relación con él en términos familiares. A fin de cuentas, ellos ya comprendían la naturaleza de una familia y los papeles del padre, de la madre y de los hijos.

Jesús fue ejemplo de un hermoso y profundo amor y respeto por su Padre. Enseñó a todos que Dios era el Padre de todos. Si la humanidad quería entender mejor a Dios y acercarse a él de manera más íntima, lo único que tenía que hacer era mirar a Jesús y aprender de él.

Dios es muchas cosas: Creador, Redentor, Sustento, Sanador, etc. Aunque hay muchos nombres para referirse a él, «Padre» es un término personal. Como Padre hace lo mismo que los padres buenos han hecho desde siempre por sus familias: ser proveedor, cuidar, corregir, guiar, apoyar y aliviar. Dios quiere que sepamos quién es, así que creó una manera para que lo conozcamos. Es un Padre fuerte y amoroso y, como tal, desea tener una relación con todos sus hijos.

Yo suelo sentir a Dios como un piloto de aviación experimenta con un controlador aéreo: con la certeza de que él ve lo que está delante de nosotros, detrás de nosotros y a nuestro alrededor. Los pilotos ven solo hasta cierta distancia; su rango es limitado, de manera que deben confiar en que el controlador aéreo los guiará de manera segura. Lo mismo sucede con Dios. Aunque a nuestro rebelde ego no le guste que le digan qué hacer, por nuestra seguridad es mejor que sigamos la guía de Dios.

Dios es nuestro Padre espiritual. Como tal, bendijo a la tierra con importantes aspectos de sí mismo, de Jesús y de su Espíritu Santo para facilitar que todas las personas tuvieran una relación espiritual y personal con él. Por medio de la creencia y la aceptación de Jesús y del Espíritu Santo tendremos vida eterna con Dios en su Reino.

Dios, como un Padre que desea que sus hijos vivan eternamente en la Luz de su Reino, creó una manera para que la humanidad estuviera a salvo de la separación o la oscuridad. Por medio de la salvación, o la creencia en Dios y Jesús a través del Espíritu, sucede una conversión espiritual. Nos volvemos sus hijos y, a su vez, él se vuelve nuestro Padre eternamente.

Dios es un Padre amoroso

Si tu relación con tu padre biológico o tu padrastro no fue amorosa es posible que no te identifiques con el concepto de que Dios es nuestro Padre. Muchas personas crecieron con un padre incapaz de darles el amor y la aceptación que necesitaban. Algunas tuvieron padres abusadores o ausentes. Algunas veces, las personas proyectan su alma herida a Dios, pensando que él es de la misma manera. No son capaces de creer o de sentir que Dios es un padre amoroso, porque crecieron con un padre que no era amoroso. Pero lo maravilloso es que Dios puede ayudarte a sanar esa parte de ti que está herida por tu padre humano.

Dios es amoroso. Dios no es como los padres terrenales que son susceptibles a corromperse. Dios apoya a sus hijos, y eso te incluye. Si tu padre humano no era el tipo de padre que necesitabas y deseabas, debes saber que tienes un Padre celestial que es todo lo que necesitas y deseas. Ese es el papel que Dios puede tener para ti si tú estás dispuesto a aceptar esta relación.

Dios como Padre te ve con ojos de amor incondicional, incluso cuando te equivocas o te alejas de él durante un tiempo. Siempre está contigo para levantarte, para sacudirte el polvo y para darte la bienvenida de regreso a sus amorosos brazos. No importa si te alejaste durante un día o fueron veinte años, Dios como Padre está ansioso por acompañarte de regreso a casa, a donde sabe que perteneces. Y como tal quiere que sepas que jamás estás solo.

La guía parental de Dios

Ahora llegamos a la incómoda discusión de la disciplina parental de Dios. En la actualidad, la palabra disciplina se ha vuelto sinónimo de abuso, que es algo que Dios jamás haría. Así que mejor usemos las palabras corrección del rumbo, porque es lo que Dios hace: corrige nuestro rumbo si estamos en una trayectoria peligrosa o fuera de nuestro camino. Seamos honestos: si nos deja solos es posible que sigamos cualquier cosa que nos deslumbre y nos divierta e ignoremos así nuestras prioridades, nuestro propósito y nuestras responsabilidades. O es posible que dejemos que personas deshonestas influyan sobre nosotros, que las adicciones nos distraigan o que nuestras inseguridades y dudas nos bloqueen. Dios corrige nuestro rumbo.

Usando de nuevo la analogía del controlador de vuelo, Dios puede ver el camino más seguro hacia nuestro destino. Si ignoramos al controlador aéreo estamos perdiéndonos de la valiosa guía que puede salvarnos la vida. De manera similar, los niños indisciplinados pueden meterse en situaciones peligrosas. Piensa en algún lugar público donde hayas visto que había niños sin supervisión que corrían por todos lados y sus papás parecían no prestar atención a su comportamiento. Es peligroso para los niños y es molesto para los que presencian la escena. Los problemas surgen cuando los niños crecen pensando que ellos son los que establecen las reglas, sin pautas sobre lo que está bien o lo que está mal y sin consecuencias por sus actos.

Un buen padre corrige a su hijo cuando se salta las reglas o las normas. Dios, como Padre amoroso, nos disciplina como hijos, pero no tomando represalias ni castigos, sino de una forma que te dice «me preocupo por ti y por eso te ayudo a corregir el rumbo». Nos da pautas por medio de la Biblia, su Palabra. Si nos salimos del camino, Dios nos disciplina desde el amor. En el libro Hebreos 12:6 dice: «... el Señor corrige al que ama y castiga al que recibe como hijo», lo que significa que se preocupa por ti lo suficiente como para corregir tu camino.

Dios quiere que sepas que él es tu Padre amoroso y que solo desea el bien para ti. Por esta razón, te da su Palabra como guía para que camines por la vida. También nos dio a Jesús como modelo terrenal del cual aprender. Si alguna vez tuviera que disciplinarnos, lo haría, pero siempre con respeto y amabilidad. Por ejemplo, puede alejarte de una situación dañina o eliminar algo que te lastimaría. Si tienes hijos entiendes que esa disciplina enseña y entrena a los jóvenes de manera que, a la larga, les beneficiará.

Dios como herencia parental

¿Conoces a alguien que haya heredado una fortuna de su familia? Las personas suelen hablar sobre las ventajas conferidas en alguien que recibió una herencia por parte de algún familiar y, algunas veces, desean que a ellas también les heredaran riqueza. Afortunadamente, Dios se honra de dar a sus hijos el mejor tipo de herencia través de Jesucristo.

En Romanos 8:16-17 se habla de que hemos sido adoptados para pertenecer a la familia de Dios y convertidos en los herederos de Dios, y somos sus herederos junto con Jesús. Todos somos hijos de Dios y, como tales, somos amados más de lo que podemos entender (1 Juan 3:1). Aunque en este momento no tenemos acceso completo a la herencia de Dios, algún día tomaremos posesión espiritual, lo cual será mejor de lo que jamás podremos imaginar.

Como puedes ver, Dios como primera Persona de la Santísima Trinidad, es un Padre amoroso en el que podemos confiar para recibir amor incondicional, guía, disciplina y total aceptación. No importa la clase de padre con el que creciste, debes saber que tienes un Padre celestial que te adora como no te imaginas. Él está de tu lado, animándote, e ideó un plan redentor para que estés con él en su Reino durante toda la eternidad. ¿Verdad que es maravilloso?

Rezar a Dios Padre

En la Biblia encuentras a mucha gente rezándole a Dios, invocándolo en momentos de necesidad, así como rindiéndole honor, venerándolo y adorándolo con la oración. Cuando los discípulos de Jesús le preguntaron cómo rezar, les respondió: «Cuando recen, digan...» (Lucas 11:2) y les enseñó la poderosa oración: «Padre Nuestro», la cual moldeó importantes aspectos de la práctica de la oración. Jesús, quien rezaba a menudo a su Padre, estaba diciéndoles que rezaran a Dios el Padre igual que él. Es un punto maravilloso para comenzar a desarrollar una relación devota con su Padre celestial.

Jesús Hijo

Jesús es la segunda Persona de la Trinidad. Fue enviado al plano terrenal para abrir el camino para que toda la gente conociera a Dios Padre de manera personal. Vino como Hijo de Dios para que, a través de él, nosotros recuperáramos la plenitud emocional y espiritual, y disfrutáramos la intimidad de Dios como Padre. Muchas de las preguntas que nos hacemos sobre quién es Dios pueden ser respondidas si miramos a Jesús. Así como podemos conocer a Dios como Padre, podemos conocerlo a través de Jesús como Hijo.

De manera profética, el nacimiento de Jesús como Hijo de Dios se predijo a lo largo del Antiguo Testamento. Isaías 9:5 dice: «Porque un niño nos ha nacido, un hijo se nos ha dado; le ponen en el hombro el distintivo del rey y proclaman su nombre: "Consejero admirable, Dios fuerte, Padre que no muere, príncipe de la Paz"». Esta profecía, junto con otras presentes en el Antiguo Testamento, señala que Jesús llegará un día como Mesías para redimir a la humanidad.

La sagrada misión de Jesús

El Antiguo Testamento está lleno de relatos sobre personas que dejaron de escuchar la guía de Dios y de los problemas resultantes a los que se enfrentaron. Se involucraron en todo tipo de acciones peligrosas, como adorar ídolos y celebrar en lugar de trabajar. Muchos de los sacerdotes enseñaban los mandamientos de Dios, pero no los observaban. Aunque Dios envió a los profetas a que advirtieran a la gente, no los escuchaban y algunas veces asesinaban al profeta.

Así que Jesús vino a la Tierra a enseñar una nueva alianza, una nueva manera de conectar con Dios. Con valentía enfrentó a los sacerdotes por su hipocresía y facultó a sus discípulos a sanar por medio de Dios. Jesús dejó claro que los mandamientos más importantes eran amar a Dios y amar a los demás como a nosotros mismos (Mateo 22:37-40).

Gálatas 4:4-5 dice: «Pero cuando se cumplió el tiempo establecido, Dios envió a su Hijo, nacido de una mujer y apegado a la Ley, para redimir a los que estaban sometidos a la Ley y hacernos hijos adoptivos». Antes de los tiempos de Jesús en la Tierra, la gente sacrificaba animales para expiar sus faltas. Jesús se permitió ser un sacrificio viviente para expiar a toda la humanidad. Dios elevó a Jesús de entre los muertos para que resucitara y ascendiera, lo cual muestra que Jesús es nuestro Señor y Salvador.

Este fue el camino de la humanidad para evitar ser esclava de la Ley. El Antiguo Testamento, en donde se mencionan más de 600 leyes, era muy estricto. Imagina cómo era tratar de observar a la perfección todas esas leyes. Dios envió a Jesús hecho hombre para hacer cumplir la Ley, para todas las personas, de manera que cada una pudiera permanecer honesta ante Dios y tener una relación con él (Romanos 8:3-4).

Jesús siempre ha sido y siempre será el Hijo del Padre, que respeta la voluntad de Dios como hijo obediente. Esta obediencia y amor están marcados por un gran amor. En Juan 14:31, Je-

Jesús Hijo

sús dice que él hace lo que su padre le ordena de manera que el mundo sepa que él ama al Padre.

Al mirar la vida de Jesús en la Tierra podemos ver cómo Dios desea que vivamos. Jesús vino a predicar y a enseñar lo que su Padre quería que la humanidad aprendiera y tomara como modelo. Si lees los Evangelios encontrarás una mejor explicación sobre la naturaleza de Jesús, y así, de su Padre. Al igual que el resto de la Biblia es nuestra guía hacia la sabiduría, también lo es el clero de Jesucristo de Nazaret.

El Padre y el Hijo comparten una hermosa relación y esa intimidad es lo que Dios desea compartir contigo. Jesús, como la segunda Persona de la Santísima Trinidad, entre otras cosas vino a hacer lo siguiente:

- Darnos a conocer a su Padre (Mateo 11:27)
- Traer el Reino de la Luz, para que aquellos que crean en él no vivan en las tinieblas (Juan 12:46)
- Buscar y salvar a los que están perdidos (Lucas 19:10)
- Servir a la humanidad y dar su vida para rescatar a los hombres (Marcos 10:45)
- Dar un ejemplo para vivir (1 Pedro 2:21)

Como tal, Jesús desea tener una relación personal contigo, para poder ayudarte a escuchar y a seguir a Dios (Filipenses 2:3-8).

Orar a Jesús

¿Podemos orar a Jesús? Por supuesto. La Palabra de Dios contiene varios episodios en los que la gente oró al Hijo de Dios. En la Primera Carta a los Corintios 1:1-2, el discípulo Pablo dice que todos los creyentes, incluido él mismo, «invocan el Nombre de Cristo Jesús». En Efesios 5:20 también aconseja a los creyentes a que recen y den gracias en nombre de Cristo Jesús.

San Esteban, en el momento de su muerte, oró a Jesús diciendo: «Señor Jesús, recibe mi espíritu» (Hechos 7:59). En una visión en Hechos de los Apóstoles 9:10-18, Ananías habló con Jesús, quien lo envió a imponer sus manos en Saulo. En el Nuevo Testamento, varias personas pidieron en oración a Jesús que las sanara, como si fuera una divinidad.

El mismo Jesús dice en Juan 14:14: «Si ustedes piden algo en mi Nombre, yo lo haré», autorizando a los creyentes a rezarle. Como puedes ver, a lo largo de todas las Escrituras está permitido orar a Jesús.

Además, Jesús también puede ser objeto de alabanzas y adoraciones, igual que muchos santos de la antigüedad. A lo largo de los años, se han escrito numerosas oraciones y canciones dirigidas a Jesús. Como Persona de la Santísima Trinidad, Jesús da la bienvenida y recibe nuestras oraciones.

Espíritu Santo

La tercera parte de la Santísima Trinidad es el Espíritu Santo (Mateo 28:19). Para quienes creen en el Dios Trino, el Espíritu Santo no es una «cosa», sino que es una Persona, es Dios en forma de Espíritu. Para aquellos que no creen en la Trinidad, el Espíritu Santo no es parte de Dios, sino que es el conducto por medio del cual Dios y Jesús nos ayudan y se comunican con nosotros.

En inglés, el Espíritu Santo se llama *Holy Spirit* o *Holy Ghost*. La palabra griega *pneuma* se traduce como «spirit» (espíritu) o «ghost» (fantasma), pero ambos términos significan lo mismo.

Mateo 1:18 y 1:20 nos dice que la Virgen María concibió a Jesús por obra del Espíritu Santo. Más tarde, cuando Jesús fue bautizado, el Espíritu Santo descendió sobre él «como una paloma» (Lucas 3:21-22). Finalmente, cuando Jesús ascendió, el Espíritu Santo fue enviado a nosotros como maestro, consuelo y aliento. Es alguien a quien puedes recurrir cuando te sientas confundido, necesites respuestas y busques guía: «...porque el Espíritu lo penetra todo, hasta lo más íntimo de Dios» (1 Corintios 2:10). ¡El Espíritu Santo nos enseña todo!

¡Y nos brinda dones! El Espíritu Santo nos da dones espirituales y el fruto del Espíritu.

Dones espirituales

El Espíritu Santo te aconseja y te guía sobre cómo desarrollar, pulir y hacer mejor uso (y cómo evitar el mal uso) de los dones que él percibe que son parte de tu propósito de vida en 1 Corintios 12:4-11:

> Ciertamente, hay diversidad de dones, pero todos proceden del mismo Espíritu. Hay diversidad de ministerios, pero un solo Señor. Hay diversidad de actividades, pero es el mismo Dios el que realiza todo en todos. En cada uno, el Espíritu se manifiesta para el bien común. El Espíritu da a uno la sabiduría para hablar; a otro, la ciencia para enseñar; a otro, la fe. A este se le da el don de curar, siempre en ese único Espíritu; a aquel, el don de hacer milagros; a uno, el don de profecía; a otro, el don de juzgar sobre el valor de los dones del Espíritu; a este, el don de lenguas; a aquel, el don de interpretarlas. Pero en todo esto, es el mismo y único Espíritu el que actúa, distribuyendo sus dones a cada uno en particular como él quiere.

Estos dones espirituales incluyen:

- **Sabiduría**: discernir la mejor solución a los problemas de acuerdo con la palabra y voluntad de Dios. Este don también implica tener un talento espiritual para dar un consejo sabio de manera que los demás lo escuchen y lo entiendan. (1 Corintios 12:8).
- **Conocimiento**: tener el don de «conocer» y percibir la verdad de cada situación. Esto incluye el don de la claridad junto con la capacidad de emitir luz divina para que los demás puedan ver la verdad (1 Corintios 12:8).

- **Fe:** mantener una enorme fe en Dios, sin importar las circunstancias que te rodeen. Este don también implica que la fe de la persona es tan pura, que las circunstancias son remediadas y mejoradas (1 Corintios 12:9).
- **Curar:** ser un conducto del poder sanador de Dios que se manifiesta a través de ti para ayudar a los demás, de acuerdo con la voluntad de Dios. Este don es invocado en el santo nombre de Jesús de Nazaret (1 Corintios 12:9).
- **Milagros:** similar al don de curar; ser el conducto del poder de Dios para transformar de manera milagrosa a alguien, a cualquier cosa y cualquier situación. Dios es quien elige qué milagros obrar a través de la persona y esos milagros sirven para tener fe en Dios y creer en él (1 Corintios 12:10).
- **Profecía:** recibir y transmitir mensajes del único Dios verdadero. No es lo mismo que ser «síquico», donde los mensajes pueden provenir de energías desconocidas. La profecía es una predicción de eventos, algunas veces de manera en que tú u otros puedan intervenir y otras para advertir a los demás que cesen su comportamiento destructivo (1 Corintios 12:10).

  Algunas fes cristianas enseñan que no existen más profetas y que este don ya no es otorgado, mientras que otras alientan a aquellos que poseen el don a que lo usen para glorificar a Dios.
- **Discernimiento:** la capacidad de distinguir con precisión si un espíritu es Dios o es el mal. Este don también significa que la persona es capaz de reconocer entre las enseñanzas verdaderas y las falsas, y

los deseos de la carne y la guía espiritual (1 Corintios 12:10; ver también 1 Juan 4:6).
- **Lenguas**: hablar un idioma extranjero que nunca has estudiado para que alguien pueda entenderte (1 Corintios 12:10). Esto fue demostrado en Hechos de los Apóstoles 2:4, cuando los apóstoles se llenaron del Espíritu Santo después de la ascensión de Jesús y comenzaron a hablar en lenguas extranjeras, de manera que otras personas les entendieran. Algunos cristianos dicen que esto significa «don de lenguas» que no son lenguas terrenales (este último punto causa controversia).
- **Interpretación**: ser capaz de comprender un idioma extranjero o cuando alguien tiene el don de lenguas por el Espíritu Santo (1 Corintios 12:10, 14:26-28).

En las cartas de Juan se describen otros dones espirituales y también se discute si algunas personas poseen más de uno de estos dones.

Estudiar a los grandes profetas de Dios del Antiguo y Nuevo Testamentos, las palabras de Jesús y el libro Hechos de los Apóstoles es una excelente forma de saber más sobre el don de la profecía. Pide todos los días al Espíritu Santo que te guíe para que desarrolles y uses este don espiritual y sepas cómo evitar su uso equivocado.

Más que cualquier otra cosa, asegúrate de no ser presuntuoso por poseer estos dones, pues considerar que eres especial o que estás por encima de los demás proviene del ego, no del Espíritu Santo:

Que cada uno ponga al servicio de los demás el carisma que ha recibido, y de este modo serán buenos administra-

dores de los diversos dones de Dios. Si alguno habla, que sean palabras de Dios; si cumple algún ministerio, hágalo con el poder de Dios, para que Dios sea glorificado en todo por Cristo Jesús. A él sea la gloria y el poder por los siglos de los siglos. Amén (1 Pedro 4:10-11).

Semillas del fruto del Espíritu Santo

Mientras que los dones espirituales mencionados anteriormente nos son dados por la percepción de Dios, en contraste, el fruto del Espíritu Santo tiene cualidades (semillas) que desarrollamos internamente con la ayuda de Dios.

Hay que destacar que el fruto del Espíritu Santo es un fruto singular, no son frutos plurales. Es un fruto con varias semillas, las cuales se desarrollan para formar una vida más rica y satisfactoria: «Por el contrario, el fruto del Espíritu es: amor, alegría y paz; magnanimidad, afabilidad, bondad y confianza; mansedumbre y temperancia» (Gálatas 5: 22-23).

¿Cuál de estas semillas del fruto del Espíritu Santo destaca en ti? ¿En qué semillas sientes que es necesario trabajar?

Sobre el escritorio de mi oficina tengo un letrero que menciona las semillas del Espíritu Santo. Esto hace que recuerde las semillas y que las tenga siempre presentes en la mente. Puedes hacer lo mismo si escribes los nombres de las semillas de los frutos en notas adhesivas, o puedes comprar un letrero en una tienda de artículos religiosos o por Internet.

Decisiones voluntarias

Con el fruto del Espíritu Santo, tus decisiones voluntarias determinan tu crecimiento espiritual. Si permites que el Espíritu Santo realice los cambios necesarios en tu vida (también se le llama *santificación*), limpiando áreas en las que te has alejado de la voluntad de Dios, manifestarás estas cualidades. Brillarás e inspirarás a los demás a que vuelvan a Dios en sus acciones, en su corazón y en su conciencia. Pero, si te niegas a la intervención del Espíritu Santo, él no te forzará, sino que tu potencial espiritual será retrasado. Muchos han expresado que el Espíritu Santo es «un caballero», pues es gentil, amable y respeta tus decisiones.

El Espíritu Santo nos confronta de manera amorosa en cuanto a las áreas en las que nos hemos alejado de la amorosa voluntad de Dios. A este proceso se le llama «convicción», en el que recibirás un mensaje interior que subraya algunos pensamientos o acciones egoístas, siempre con seriedad y respeto, desde luego. De manera repentina sentirás que tu ego ha sido expuesto, lo cual es una forma positiva de soltar el control inconsciente del ego.

El Espíritu Santo nos condena por ser deshonestos, por no actuar íntegramente, por ser vanidosos, por desperdiciar tiempo valioso, por distraernos de las prioridades, por caer en adicciones, por obsesionarnos por falsos ídolos y por tener comportamientos exóticos. A la larga, agradecemos al Espíritu Santo por decirnos la verdad y nos agradecemos a nosotros mismos por escuchar.

Puede ser intimidante rendirnos a la guía del Espíritu Santo mientras hacemos cambios en la vida. No dejes de recordar que el Espíritu Santo es parte de la sabiduría de Dios, así que él sabe qué cambios te traerán felicidad y plenitud verdaderas.

El Espíritu Santo en las Escrituras

En Juan 3:8, Jesús dijo: «El viento sopla donde quiere: tú oyes su voz, pero no sabes de dónde viene ni a dónde va. Lo mismo sucede con todo el que ha nacido del Espíritu». Es cierto que no podemos ver al Espíritu Santo, pero sí podemos ver cómo afecta a las personas y a las cosas, al igual que no podemos ver el viento, pero vemos y sentimos sus efectos.

Jesús dijo que, una vez que estuviera con su Padre, derramaría su Espíritu sobre todos los que lo recibieran. En Juan 7:37-39, Jesús dijo: «El que tenga sed venga a mí; y beba el que crea en mí. Como dice la Escritura: "De su seno brotarán manantiales de agua viva"» (al decir «agua viva», estaba hablando del Espíritu, que se le daría a todos los que creyeran en él. Pero el Espíritu todavía no había sido dado, porque Jesús aún no había entrado en su gloria).

En Lucas 24:49, Jesús les dijo a sus discípulos: «Ahora yo voy a enviar sobre ustedes lo que mi Padre prometió». En Juan 16:7 dijo que era mejor que se fuera y enviara a su Espíritu porque Jesús como humano solo podía estar en un lugar a la vez, pero su Espíritu podía estar en todas partes, en los creyentes, en todo momento.

El regalo que Dios prometió

En el libro de Hechos de los Apóstoles, Jesús les dice a sus discípulos que una vez que haya ascendido con su Padre, deben esperar para recibir la promesa del Padre, es decir, el Espíritu Santo, antes de continuar su ministerio: «Les recomendó que no se alejaran de Jerusalén y esperaran la promesa del Padre: la promesa, les dijo, que yo les he anunciado» (Hechos 1:4).

Entonces, los discípulos y otros se quedaron en Jerusalén después de que Jesús ascendió. Estaban juntos orando y esperando el derramamiento del Espíritu. La Biblia dice que muchos discípulos y personas se reunieron, y en el Día de Pentecostés la promesa del Padre fue derramada.

El relato se describe en Hechos 2. Dice que los discípulos escucharon el sonido de un viento impetuoso y vieron lenguas de fuego justo por encima de las cabezas de las personas. Se llenaron del Espíritu y comenzaron a hablar en nuevos idiomas. Cuando las multitudes escucharon a estas personas comunes hablar sus idiomas, quedaron asombradas y llegaron a creer que Jesús realmente era el Mesías.

¿Qué hace el Espíritu Santo?

Así como cualquier persona tiene funciones que cumplir, lo mismo pasa con el Espíritu Santo. La Palabra de Dios tiene mucho que decir sobre el trabajo del Espíritu Santo. A continuación, veremos algunas de las formas en que la tercera Persona de la Trinidad opera hoy:

- Llenando y viviendo en los creyentes (Juan 14:17)
- Guiándonos a la verdad (Juan 16:13)
- Enseñando (Juan 14:26)
- Santificándonos (1 Pedro 1:2)
- Dando una visión o revelación cuando se trata de la Palabra de Dios (Hechos 1:16)
- Ayudándonos a glorificar al Señor (Juan 16:14)
- Ayudando a los creyentes a caminar en el fruto del Espíritu (Gálatas 5:22-23)
- Condenar el mundo del pecado (Juan 16:8)
- Intercediendo u orando por nosotros (Romanos 8:26)
- Dando regalos a los creyentes para el fortalecimiento del Cuerpo de Cristo, la Iglesia (1 Corintios 12:13, 27-28)
- Trabajando en nuestros corazones (2 Corintios 1:22)
- Dándonos facultades y fortaleza (Efesios 3:16)
- Dándonos poder para testificar y hablar a otros sobre el plan de salvación de Dios (Hechos 1:8)

Como puedes ver, el Espíritu Santo existe para beneficiar a todo el que cree. Si no has recibido el don de la presencia del Espíritu Santo en tu vida, recurre a Dios y pide recibir su presencia interior (Lucas 11:13).

Comienza a cultivar una relación especial con él; ten la certeza de que él está contigo todo el tiempo. Camina dentro de tu casa pidiéndole al Espíritu Santo que te indique qué eliminar y qué conservar (especialmente si estás preocupado por algún artículo que haya en tu hogar que provenga de fuentes impías). El Espíritu Santo desea darte poder; orientarte y darte paz, entendimiento y dones. Él siempre te dirá la verdad cuando le hagas una pregunta. ¡Él te ama tanto!

Símbolos del Espíritu Santo

Una paloma blanca suele ser símbolo frecuente del Espíritu Santo y se origina en la historia del bautismo de Jesús, cuando el Espíritu Santo descendió sobre él como una paloma (Marcos 1:10). A veces, el Espíritu Santo se muestra con una rama de olivo, que simboliza la paz y evoca la paloma de la historia del arca de Noé.

Otros símbolos del Espíritu Santo según relatos bíblicos incluyen agua, viento y fuego.

BAUTISMO POR EL ESPÍRITU SANTO

El bautismo tradicional implica sumergirse tres veces en el agua ante un sacerdote o pastor. La primera inmersión es por el Padre, la segunda por el Hijo y la tercera por el Espíritu Santo.

Después de que Jesús ascendió, el Espíritu Santo fue enviado a los apóstoles, como se describe en el Libro de Hechos de los Apóstoles, que sigue a los Evangelios de Mateo, Marcos, Lucas y Juan. Muchas de las historias relatadas en Hechos se refieren a sanaciones milagrosas y protección que involucran a los apóstoles cuando enseñaban a judíos y gentiles acerca de Jesús. Uno de estos milagros ocurrió en Pentecostés y fue precedido por el sonido de una tormenta de viento en el cielo (Hechos 2:2).

Muchas personas leen Hechos 2:3, en el cual el fuego del Espíritu Santo se posó sobre los creyentes, como una invitación para que todos seamos bautizados únicamente con el fuego simbólico del Espíritu Santo (además del tradicional bautismo en agua). También se hace referencia a las palabras de Pablo, en 1 Corintios 12:13, para sostener esta creencia: «Porque todos hemos sido bautizados en un solo Espíritu para formar un solo Cuerpo y todos hemos bebido de un mismo Espíritu».

Rezar al Espíritu Santo

Pablo habla de nuestra comunión con el Espíritu de Dios en Filipenses 2:1 y 2 Corintios 13:14. El Espíritu Santo da la bienvenida a los creyentes para que acudan a él con la misma reverencia, amor e intimidad con los que acudimos a Dios y a Jesús. El mismo Jesús dijo: «Pero el Paráclito, el Espíritu Santo, que el Padre enviará en mi Nombre, les enseñará todo y les recordará lo que les he dicho» (Juan 14:26).

Algunas personas notan que tienen una conexión íntima con el Espíritu y le rezan a menudo. No descuidan la oración a Dios o a Jesús, pero han cultivado una relación cercana y significativa con Dios como Espíritu. Mucha gente le pide a Jesús que acuda y los bautice con el fuego del Espíritu Santo. Y otros usan la frase «Ven, Espíritu Santo» cuando oran.

Dios Trino

La Trinidad es una doctrina central del cristianismo. Significa que hay tres partes en la Deidad: Padre, Hijo y Espíritu Santo.

Dios el Padre creó todo. Jesús, que vino a la Tierra como el Hijo de Dios, es la segunda Persona en la Trinidad. El Espíritu Santo, que fue dado al mundo después de que Jesús regresó a su Padre, es la tercera parte de la Trinidad.

Muchas personas, incluyéndome, creen que la pluralidad de Dios es la razón del uso de los pronombres plurales en Génesis 1:26: «Dijo Dios, "Hagamos al hombre a nuestra imagen y semejanza"». ¿A quién se refiere con «nuestra»? A la Santísima Trinidad.

En el sistema de creencias de la Trinidad, Dios es tres personas: el Padre, el Hijo y el Espíritu Santo. Algunas personas encuentran este concepto difícil de entender. ¿Cómo puede un Dios ser tres personas diferentes? ¿Cómo pueden los tres ser iguales, los tres seres eternos? La Biblia dice que, como humanos, es posible que no podamos comprenderlo por completo. Es un misterio, aunque las Escrituras dicen que el Espíritu Santo nos ayudará a entenderlo (1 Corintios 2).

Piensa en el agua. La naturaleza de Dios es única, igual que la del agua. El agua no deja de ser agua cuando cambia entre tres estados: líquido, sólido y gaseoso. No pierde su esencia cuando está saliendo del grifo, ni cuando está congelada en una hielera, ni cuando sale como vapor de la tetera. De igual manera, Dios no pierde ninguna parte de sí mismo si se separa en tres personas. No pierde parte de su identidad inherente.

Génesis 1:1 dice: «En el principio, cuando Dios creó los cielos y la tierra». La palabra hebrea original para referirse a Dios en este versículo es *Elohim*. Ahora, *Elohim* es plural, así que cuando dice que «Dios» creó los cielos y la tierra, se refiere a la Trinidad: Dios, Jesús y el Espíritu Santo.

Además, 1 Juan 5:7-8 dice: «Tres son, pues, los que dan testimonio: el Espíritu, el agua y la sangre, y los tres coinciden en lo mismo». La mayoría de los teólogos reconoce que lo anterior se refiere a la Santísima Trinidad.

Para comprender mejor la creencia de la Trinidad, piensa en quién y qué eres. Si alguien te pregunta qué eres, puedes decir que eres un humano o una persona. Si te preguntan quién eres, puedes decir tu nombre. Esta es tu esencia o identidad. Tu singularidad.

Aquí en nuestra dimensión en la Tierra, las cosas son más bien simples. Un humano es una persona. Pero en la dimensión de Dios, las cosas son diferentes: superiores, avanzadas, incluyentes.

Lee lo que el novelista C. S. Lewis dice sobre esto en su libro teológico *Mero cristianismo*:

> *En el nivel divino seguimos encontrando personalidades, pero allí las vemos combinadas de tal forma, que nosotros, como no vivimos en ese nivel, no podemos imaginar. En la dimensión de Dios, por así decirlo, encontramos un ser que es tres Personas mientras sigue siendo un Ser, del mismo*

modo que un cubo es seis cuadrados mientras sigue siendo un cubo. Por supuesto, nosotros no podemos concebir del todo a un Ser así, del mismo modo que, si estuviéramos hechos de manera tal que solo percibiéramos dos dimensiones en el espacio nunca podríamos imaginar adecuadamente un cubo. Pero podemos tener una ligera noción del mismo. Y cuando lo hacemos tenemos, por primera vez en la vida, una idea positiva, por ligera que sea, de algo súper-personal, de algo que es más que una persona.

Es un poco misterioso y así es como debería ser. Pablo habló al respecto en Efesios 3:5 al escribir que el misterio del plan de Dios, que previamente se había ocultado, ahora se hacía conocido por la revelación del Espíritu. Pablo proclama que, mediante la manifestación y la revelación del Espíritu, podemos comprender mejor la naturaleza y el plan divino de Dios.

Como se mencionó anteriormente, la Trinidad es análoga al agua que existe en tres estados diferentes: líquido, sólido y gas. El agua puede cambiar de estado, pero su composición sigue siendo H_2O en todos los casos. De la misma manera, la Trinidad existe como Dios, Jesús y el Espíritu Santo.

Dios creó la Tierra y ha permitido que esta esfera se mueva a través del tiempo y el espacio (que, a su vez, son medidas para la humanidad porque fuera del reino terrenal, no existen). Ahora, Dios, como Creador de la esfera, llegó a ella como ser humano en la forma de Jesús. Es a través de Jesús que hemos llegado a conocer a Dios de una manera tan amorosa y paternal. Entonces, una vez que Jesús dejó la esfera, Dios envió su Espíritu para continuar viviendo ahí con la humanidad. El Espíritu habita dentro de cada creyente, así como afuera. Estas tres Personas de Dios son una, pero tienen diferentes roles.

Como puedes ver, la Santísima Trinidad pinta un retrato maravilloso de las diversas características y roles de Dios. Cada persona de la Trinidad es igualmente importante y cada una te ama, querido mío. Dios, Jesús y el Espíritu desean una relación íntima contigo y te invitan a dar un salto de fe al buscarlos fervientemente cada día. Esto glorifica a Dios y te asegura la capacidad de caminar en su Reino de luz y amor, ahora y para siempre.

Rezar al Dios Trino

La Palabra nos enseña a orar a Dios en el nombre de Jesús por el poder del Espíritu Santo. Al mismo tiempo, también puedes orar a Dios, a Jesús y al Espíritu como individuos, porque todos están incluidos en la Trinidad. El Espíritu Santo es quien realmente puede ayudarnos en nuestras vidas de oración. Puede ayudarnos a orar cuando no sabemos qué decir (Romanos 8:26). Él también puede fortalecer nuestras oraciones.

Históricamente, las oraciones a la Trinidad han sido utilizadas por muchos en la tradición cristiana. En el siglo IV, el Credo de Nicea se refería al Espíritu «que con el Padre y el Hijo recibe una misma adoración y gloria». Esencialmente, para algunas tradiciones cristianas esto confirma la aceptación de orar a la Trinidad, al igual que en los primeros escritos de la Iglesia, muchas oraciones fueron dirigidas a Jesús individualmente.

Segunda parte

Los ángeles

Comprendiendo a los ángeles

La Biblia está llena de bellas historias de los santos ángeles de Dios que ayudan a las personas al entregarles mensajes y ofrecerles protección.

La palabra ángel proviene del griego *aggelos*, que significa «mensajero de Dios». Dios envía ángeles para entregar mensajes, proteger y promulgar su voluntad. Uno de los idiomas originales de la Biblia, el hebreo, se refiere a los ángeles como *elohim*, con *e* minúscula. Cuando hace referencia a Dios, siempre se escribe con *E* mayúscula: *Elohim*.

Los ángeles aparecen en toda la Biblia, desde el Génesis hasta el Apocalipsis. Los ángeles también aparecen en el Libro de Enoc (que es parte del canon de la iglesia ortodoxa etíope y de la iglesia ortodoxa tewahedo de Eritrea) y el Libro deuterocanónico de Tobías (que forma parte del canon católico).

Historias de ángeles en el Antiguo Testamento

Las historias de los ángeles del Antiguo Testamento se referían a cada ángel encontrado como «el ángel del Señor». Algunas veces, dichos ángeles hablaban en nombre de Dios y a veces hablaban en primera persona con la voz de Dios.

Aquí están los papeles principales de los ángeles y las referencias en orden cronológico:

- **Guardianes**: en el Jardín del Edén, cuando Adán y Eva obedecieron a la serpiente en lugar de escuchar a Dios, fueron expulsados del jardín. Dios colocó ángeles querubines con espadas ardientes en la entrada oriental del jardín para protegerlo (Génesis 3:24).
- **Orientación**: Génesis 16 cuenta la historia de la esposa de Abraham, Sara (sus nombres eran Abram y Saray en ese momento), quien no podía tener un hijo, por lo que le pidió a su sierva Agar que tomara su lugar y concibiera un hijo con Abraham. Cuando Agar quedó embarazada, Sara se puso celosa y actuó tan duramente que Agar se escapó. Mientras huía, el ángel del Señor se apareció ante Agar y le aconsejó que regresara para cumplir su misión de dar a luz. El ángel le habló a Agar en primera persona con la voz de Dios, diciendo: «Multiplicaré de tal manera tu descendencia, que no se podrá contar» (Génesis 16:10). Su hijo, Ismael, es considerado el patriarca del islam.

    Algunas personas creen que en la historia que se relata en Génesis 18, los tres visitantes que les dijeron a Abraham y Sara que darían a luz a su propio hijo, Isaac, eran ángeles. Otros creen que fue una aparición directa del Señor en forma humana o de ángel.
- **Entrega de mensajes de advertencia**: los ángeles ayudaron a salvar a Lot y a su familia de la destrucción de Sodoma y Gomorra, al advertirle que abandonara de inmediato la ciudad. Un ángel intentó

avisar a los yernos de Lot, pero lo ignoraron y estaban en la ciudad cuando fue destruida (Génesis 19:1-3, 12-26).

- **Rescate:** después de que Agar dio a luz a Ismael y Sara dio a luz a Isaac, los dos medios hermanos estaban jugando. A Sara no le gustó la manera en que Ismael interactuaba con Isaac, ¡así que ordenó a Abraham que despidiera a Agar y a su hijo! Agar e Ismael vagaron sin rumbo por el caluroso desierto hasta que se quedaron sin agua. Finalmente, la joven madre puso a su hijo a la sombra debajo de un arbusto, lejos de ella, porque no podía soportar verlo morir de sed. Mientras Ismael lloraba pidiendo agua, un ángel los visitó y le aseguró a Agar que Dios había escuchado sus llantos. El ángel la animó a que fuera donde estaba su hijo; cuando lo hizo, «Dios abrió los ojos de Agar», ¡y había un pozo de agua! Bebieron agua y prosperaron en el desierto (Génesis 21:8-21).

- **Enseñanza:** cuando Dios probó la fe de Abraham al pedirle que sacrificara a su hijo Isaac, Abraham estaba dispuesto a hacer lo que Dios le pedía. Sin embargo, antes de que ocurriera el sacrificio, el ángel del Señor le habló a Abraham y le dijo que no le hiciera daño a su hijo. Entonces el ángel habló en primera persona con la voz de Dios para decirle a Abraham que sería recompensado con muchos descendientes por su disposición a sacrificar todo por Dios (Génesis 22:1-18).

- **Visitar durante sueños:** Jacob (el hijo de Isaac y el nieto de Abraham) soñó con las ovejas que lo llevaron a regresar a su hogar (Génesis 31:10-13) y un famoso sueño llamado «la escalera de Jacob», en el que vio ángeles subir y bajar por una escalera que llegaba al cielo (Génesis 28:12).

- **Aparecer como señales de Dios**: mientras Jacob y su familia viajaban a casa, él vio a los ángeles de Dios. Su presencia le permitió a Jacob saber que era el lugar correcto para acampar (Génesis 32:2-3).
- **Teofanía**: como se mencionó anteriormente, Dios toma la forma de un ángel cuando es necesario advertirnos o enseñarnos en un proceso llamado teofanía. Mientras Jacob continuaba su viaje, se encontró con un ángel que era Dios en forma angelical. Jacob y Dios como ángel lucharon físicamente toda la noche y, durante su interacción, Dios cambió el nombre de Jacob a Israel, que en hebreo significa «el que luchó con Dios» (Génesis 32:24-30).
- **Mostrar el camino**: Dios le dijo a Moisés que estaba enviando un ángel antes que él para protegerlo y guiarlo a él y a los israelitas en su viaje a la Tierra Prometida. Dios dijo: «Anda derecho en su presencia y hazle caso: no le seas rebelde... pues en él está mi Nombre» (Éxodo 23:20-23, ver también Éxodo 32:34). Moisés dio crédito al ángel de Dios que ayudó a rescatar a los israelitas de la esclavitud egipcia (Números 20:16).
- **Proteger el Arca**: Dios instruyó a Moisés para que cubriera el Arca del Testimonio con estatuas de querubines dorados (Éxodo 25:17-22). Más tarde, dio las mismas instrucciones al rey David para la construcción de querubines en el templo (1 Cróni-

cas 28:18), que representó su hijo el rey Salomón (2 Crónicas 3:7-13).

- **Corregir**: cuando un profeta pagano llamado Balaam montaba en su burra en una misión en contra de la voluntad de Dios, el ángel del Señor se paró frente a él. En cuanto la burra de Balaam vio al ángel se rehusó a seguir. Balaam comenzó a golpear a la burra, hasta que Dios abrió los ojos del hombre pagano para que viera al ángel con su espada en la mano. El ángel reprendió a Balaam por sus malvadas acciones, incluso por golpear al animal. Entonces el ángel indicó a Balaam que continuara su camino para entregar un mensaje de Dios (Números 22:22-35).

- **Transmitir señales de Dios**: el ángel de Dios pidió a un hombre llamado Gedeón que salvara a Israel de los madianitas. Cuando Gedeón expresó su renuencia porque no se sentía capaz, el ángel habló en primera persona con la voz de Dios, diciendo que estaría con Gedeón y lo ayudaría a ganar. Gedeón todavía no estaba seguro de poder lograrlo, entonces le pidió al ángel que le diera una prueba. Así que el ángel le indicó a Gedeón que colocara su comida en una roca cercana. El ángel tocó la comida y el fuego la consumió y la quemó. Esta demostración convenció a Gedeón (Jueces 6:11-24).

- **Hacer anuncios**: los ángeles frecuentemente anuncian el nacimiento de niños. Como se mencionó antes, los tres visitantes, que podrían haber sido ángeles o quizá fueron Dios o Jesús en forma humana, anunciaron el nacimiento del hijo de Abraham y Sara, Isaac, en Génesis 18. El siguiente anuncio fue la del futuro nacimiento de Sansón a sus padres, que no habían tenido hijos. Al igual que el ángel de la interacción del Señor con Gedeón, el ángel validó su identidad apareciendo fuego de la nada a una ofrenda de comida (Jueces 13:2-24).

- **Proporcionar alimento**: cuando el profeta Elías huía de sus perseguidores, fue al desierto y oró para pedir la ayuda de Dios. Un ángel fue enviado a Elías, quien llevó al profeta un poco de pan sobre piedras calientes y una jarra de agua. Entonces el ángel del Señor animó a Elías a comer, beber agua y seguir su camino (1 Reyes 19:5-8).

- **Protección**: el rey David frecuentemente se refería a los ángeles en sus salmos, al igual que otros salmistas. Uno contiene un mensaje sobre los ángeles guardianes: «Porque él ha ordenado a sus ángeles que te protejan en todos tus caminos» (Salmo 91:11). La famosa historia de Daniel cuando sobrevivió en una guarida de leones porque un ángel cerró la boca de los leones, es un ejemplo maravilloso de Dios enviando ángeles para protegernos del daño (Daniel 6:13-22).

- **Entregar e interpretar visiones proféticas**: muchos de los profetas recibieron sus visiones y conocimiento del ángel del Señor. En las siguientes secciones sobre querubines, serafines y los arcángeles Gabriel y Miguel, leerás más acerca de los profetas y los ángeles.

El profeta Zacarías tuvo una visión de caballos interpretada por el ángel del Señor (Zacarías 1:9-19). Un ángel también le mostró a Zacarías una

Comprendiendo a los ángeles

visión del sumo sacerdote Josué siendo absuelto del pecado (Zacarías 31-7). La siguiente visión que tuvo Zacarías de un ángel fue cuando vio un candelabro de oro macizo y dos olivos. El ángel le dijo a Zacarías que los olivos «...son los dos ungidos que están de pie junto al Señor de toda la tierra» (Zacarías 4:1-14).

Luego, el ángel le mostró una visión de mujeres y una cesta, que representaban a Babilonia (Zacarías 5:5-11). Entonces el ángel le mostró a Zacarías cuatro caballos de distintos colores, cada uno iba en una dirección diferente para patrullar la tierra, y representaban a los espíritus del cielo (Zacarías 6:1-8).

Historias de ángeles en el Nuevo Testamento

Los eruditos de la Biblia señalan una importante distinción entre las visitas de los ángeles del Antiguo y del Nuevo Testamento: en el Antiguo Testamento, las referencias a los ángeles usan el artículo el («el» ángel del Señor) mientras que, en el Nuevo Testamento, las referencias son a «un» ángel del Señor. Algunos sienten que la especificidad de la palabra «el» puede indicar que el ángel del Señor era el pre-Cristo o Jesús en forma de ángel.

Se hace referencia a los ángeles del Señor en relación con varios eventos:

- **Anunciaciones**: el Nuevo Testamento es el hogar de las famosas historias de la Anunciación de Cristo y Juan el Bautista, que veremos en detalle en la sección sobre el arcángel Gabriel.

- **Guía en sueños:** un ángel del Señor se le apareció a José en un sueño para instarlo a que se fuera con María y el niño Jesús para escapar de la ira de Herodes (Mateo 2:13). Después de la muerte de Herodes, un ángel del Señor apareció en otro sueño de José, instándolo a llevar a su familia a Israel. José siguió la guía del ángel (Mateo 2:19-21).
- **Anunciar la resurrección:** los cuatro Evangelios ofrecen diversos relatos de ángeles presentes en la tumba de Jesús después de su resurrección:

  En Mateo 28:1-7, un ángel del Señor hizo rodar la piedra para alejarla de la puerta y le dijo a María Magdalena y a «la otra María» que Jesús había resucitado, y que les dijeran a los discípulos que Jesús reaparecería ante ellos en Galilea.

  En Marcos 15:40, las mujeres que se acercaron a la tumba fueron identificadas como María Magdalena; María, la madre de Santiago; y Salomé, que habían estado presentes en la crucifixión. Según este relato, cuando llegaron a la tumba, vieron que la piedra había sido removida y un ángel les dijo que Jesús había resucitado. El ángel instó a las mujeres a decirles a los discípulos que verían a Jesús en Galilea.

  Luego, en Lucas 24:1-8, dos ángeles saludan a «las mujeres de Galilea» en la tumba, con el mismo mensaje de que Jesús había resucitado. Tanto en Marcos como en Lucas, el ángel les recuerda a las mujeres que, en Galilea, Jesús habló de su resurrección.

  En Juan 20:11-16, dos ángeles se le aparecen a María Magdalena en la tumba y luego el mismo Jesús resucitado.

Comprendiendo a los ángeles

La jerarquía de los ángeles

En la Biblia se mencionan tres tipos específicos de ángeles: serafines, querubines y arcángeles. En los sistemas de jerarquía de ángeles, la creencia es que, además de este tipo de ángeles, el apóstol Pablo se refirió a otros. El papa Gregorio, Pseudo Dionisio, Santa Hildegarda de Bingen y Tomás de Aquino se suscribieron a esta teoría.

Las enseñanzas originales sobre la jerarquía de los ángeles estaban en un manuscrito que se dice que fue escrito por Dionisio, uno de los cristianos iniciales mencionado en Hechos 17:34. Muchos de los proponentes de las teorías de la jerarquía de los ángeles siguieron los escritos de Dionisio, porque asumieron que un contemporáneo del apóstol Pablo tendría la autoridad de enseñar acerca de los ángeles.

La investigación posterior reveló que el manuscrito en realidad se escribió cientos de años después de la muerte del verdadero Dionisio. Por lo tanto, los escritos se atribuyen a Pseudo Dionisio porque *pseudo* significa «impostor» o «engañoso».

La creencia es que existen nueve tipos de ángeles, cada uno se llama reino o coro. Los nueve tipos de ángeles están divididos en tres grupos o esferas:

1. Los ángeles que están más cerca de Dios:

- *Serafines*, que cantan «¡Santo, Santo, Santo es Yavé de los Ejércitos, su Gloria llena toda la tierra!» (Isaías 6:3).
- *Querubines*, que custodian el árbol de la vida (Génesis 3:24), el arca del testimonio y el templo (Éxodo 25:17-22, 2 Crónicas 3:7-14, Ezequiel 10:1-22, 28:14-16, y 1 Reyes 6:23-28).

- *Tronos*, son mencionados por el apóstol Pablo (Colosenses 1:16) y otros (Pseudo Dionisio, papa Gregorio, Santa Hildegarda y Tomás de Aquino) son considerados un tipo de ángel. Algunos creen que la referencia de Pablo es de un trono literal sobre el cual se sienta Dios o un rey.

2. Los ángeles que gobiernan a los otros ángeles:

- *Dominaciones*: el Apóstol Pablo hace referencia a las dominaciones en Efesios 1:21: «Elevándolo por encima de todo Principado, Potestad, Poder y Dominación, y de cualquier otra dignidad que pueda mencionarse tanto en este mundo como en el futuro», y en Colosenses 1:16: «Porque en él fueron creadas todas las cosas, tanto en el cielo como en la tierra, los seres visibles y los invisibles, Tronos, Dominaciones, Principados y Potestades: todo fue creado por medio de él y para él» (la redacción particular de la Biblia es importante). En estos dos escritos, Pablo no especifica que un dominio es un tipo de ángel. Pseudo Dionisio originó la creencia de que los dominios son un tipo de ángel gobernante.
- *Virtudes*: presentan una situación similar a las dominaciones, que en Efesios 1:21 se menciona como *poder* y en muchas versiones se traduce como «virtud» o «líder», sin ninguna referencia específica a que se trate de un tipo de ángel. Pseudo Dionisio extrapoló este significado y otros hicieron lo mismo.

- *Potestades*: es también una categoría de ángel extrapolada de la palabra poder que Pablo escribió en Efesios 1:21.

3. Los ángeles que están más cerca de la Tierra:

- *Principados*: son mencionados por el apóstol Pablo en Efesios 6:12, en su discurso sobre la protección espiritual: «Porque nuestra lucha no es contra enemigos de carne y sangre, sino contra los Principados y Potestades; contra los Soberanos de este mundo de tinieblas; contra los espíritus del mal que habitan en el espacio». Algunos interpretan esta declaración en el sentido de que los principados son ángeles caídos. Sin embargo, en el sistema de creencias de la jerarquía de ángeles, los principados son ángeles que son guardianes de grupos de personas.
- *Arcángeles:* son los ángeles que manejan a otros ángeles, incluidos los ángeles de la guarda, según los principios de la jerarquía de ángeles. Como hemos notado, la palabra *arcángel* se usa escasamente en la Biblia; solo se refiere a Miguel en los Libros de Daniel y Judas, y a Rafael en el deuterocanónico Libro de Tobías.
- *Ángeles*: son los guardianes de las personas, con la referencia principal en el Salmo 91:11: «Pues a los ángeles les he ordenado que te escolten en todos tus caminos». La literatura rabínica judaica, como el *midrash*, ofrece muchos principios sobre los ángeles.

Ángeles caídos

El término ángeles caídos es un oxímoron, lo que significa que las dos palabras no tienen sentido en conjunción. Un ángel, por definición, es un mensajero de Dios. Entonces, si un ángel se rebela contra Dios y en consecuencia cae, entonces ya no es mensajero de Dios. Sin embargo, el término es útil para entender el origen celestial que precedió a la trágica caída de la gracia del ángel. Podemos aprender de los ángeles caídos en términos de «qué no hacer» y cómo reconocerlo y permanecer lejos de ello.

Es cierto que, en mis escritos anteriores, me he apartado del tema de los ángeles caídos porque no quería reconocer ninguna forma de oscuridad. Creía que, si permanecíamos enfocados en lo positivo, nos mantendríamos espiritualmente seguros. A medida que he madurado en mi espiritualidad, me he dado cuenta de lo importante que es estar completamente consciente de «quién es quién» en el mundo de los espíritus. De hecho, los ángeles caídos preferirían que no te dieras cuenta de su presencia; que creyeras que no existen, para que puedan llevar a cabo sus asuntos sin interrupción.

Estar consciente de los ángeles caídos es una forma clave de discernir que solo estás en contacto con los santos ángeles de Dios. A fin de cuentas, 2 Corintios 11:14 dice: «Porque el mismo Satanás se disfraza de ángel de luz». Puedes sentir a un ángel caído con su firma distintiva de dejar un rastro de experiencias dolorosas. Sin embargo, debes saber que Dios nos dio autoridad para expulsar a los ángeles caídos (Marcos 3:15) y alejarlos en el nombre de Jesús de Nazaret.

En Génesis 6:1-4, leemos sobre los «hijos de Dios» (ángeles caídos) que tuvieron relaciones rebeldes e hijos con mujeres humanas. A sus descendientes se les llama *nefilim*, que se consideran demonios. En el libro apócrifo de Enoc se habla de los nefilim en detalle, sin embargo, este libro no surge de la inspiración de Dios.

El término principado se usa a menudo para describir a los ángeles caídos (Efesios 6:12); sin embargo, este término se aplica a un tipo de ángel santo, especialmente en los sistemas de la jerarquía angélica (Colosenses 1:16). Muchos eruditos creen que los demonios mencionados más de 100 veces en la Biblia se refieren a ángeles caídos. Otros dicen que Judas 6 (Biblia de las Américas) muestra que los ángeles caídos están atados y encadenados, por lo que no pueden ser los demonios que corren en libertad por el mundo: «Y a los ángeles que no conservaron su señorío original, sino que abandonaron su morada legítima, los ha guardado en prisiones eternas, bajo tinieblas, para el juicio del gran día».

La historia detrás de la caída de los ángeles puede verse en Isaías 14: 12-25, donde el profeta describe la caída del líder de los ángeles caídos, Lucifer, aquí llamado «estrella brillante»:

> *¿Cómo caíste desde el cielo,*
> *estrella brillante, hijo de la Aurora?*
> *¿Cómo tú, el vencedor de las naciones,*
> *has sido derribado por tierra?*
> *En tu corazón decías:*
> *«Subiré hasta el cielo y levantaré mi trono encima*
> *de las estrellas de Dios,*
> *me sentaré en la montaña donde se reúnen los dioses,*
> *allá donde el norte se termina;*
> *subiré a la cumbre de las nubes, seré igual al Altísimo».*
> *Mas, ¡ay!, has caído en las honduras del abismo,*
> *en el lugar adonde van los muertos.*

Santos y ángeles

En Apocalipsis 12, el ángel caído principal está simbolizado por un dragón que lucha contra el arcángel Miguel, quien expulsa al dragón del diablo. Apocalipsis 12:9 identifica al dragón como la serpiente del Jardín del Edén, también conocida como el diablo o Satanás, y señala que él y todos sus ángeles fueron enviados a la Tierra: «El dragón grande, la antigua serpiente, conocida como el Demonio o Satanás, fue expulsado; el seductor del mundo entero fue arrojado a la tierra y sus ángeles con él».

Jesús y el Espíritu Santo nos protegen de los ángeles caídos, en el entendido de que no invitemos a estos seres a nuestras vidas, ni de manera accidental ni estando conscientes. Tenemos libre albedrío para decidir con quién colaboramos. Por fortuna, Santiago 2:19 dice que los demonios (ángeles caídos) «tiemblan de terror» ante Dios. Así que pon tu enfoque completo en Dios (incluyendo el Espíritu Santo y Jesús), y Dios decidirá qué ángeles te enviará. De esta manera, te mantienes espiritualmente seguro.

La alabanza pertenece a Dios

Las Escrituras dejan claro que la alabanza y la adoración le pertenecen a Dios, no a los ángeles. En Apocalipsis 19:10 y 22:8-9 se nos advierte que no adoremos a los ángeles y que solo adoremos a Dios, quien creó a los ángeles. Tampoco debemos orar a los ángeles, pero podemos orar a Dios para que nos envíe un ángel. La línea de comunicación es que Dios nos envía ángeles, no al revés.

Los ángeles deben ser respetados y considerados con reverencia, pero no hay que adorarlos o rezarles específicamente. En la Biblia, los ángeles se mencionan en el contexto de dar consuelo y protección; como parte del plan de Dios, son dignos de honor. Sin embargo, nuestras oraciones y súplicas siempre deben ser dirigidas a Dios y a ninguna otra deidad, incluidos los ángeles. Cuando damos gracias por nuestras bendiciones, alabamos a Dios, no a un ángel que quizá era parte de una oración que fue escuchada.

En Hechos 12:1-11, leemos que el rey Herodes Agripa hizo que el apóstol Pedro fuera arrestado y puesto en prisión con cuatro escuadrones de soldados para protegerlo, con la intención de matarlo después de la Pascua. La noche antes de su juicio, Pedro estaba durmiendo entre dos soldados, atado con cadenas, mientras los guardias frente a la puerta vigilaban. Entonces apareció un ángel del Señor y despertó a Pedro, y las cadenas cayeron de sus manos. El ángel le indicó a Pedro que se vistiera y lo siguiera más allá de los guardias y fuera de la ciudad. Todo el tiempo, Pedro pensó que era una visión. Cuando el ángel desapareció, Pedro dijo: «Ahora sé que realmente el Señor envió a su ángel y me libró de las manos de Herodes y de todo cuanto esperaba el pueblo judío». Pedro no dio alabanza al ángel que lo guio durante su escape, sino que reconoció que fue Dios quien hizo que pasara.

Cuando el apóstol Juan recibió la revelación del futuro por parte de un ángel, su respuesta inmediata fue postrarse y adorar al ángel. Sin embargo, el ángel lo reprendió y le dijo que no lo hiciera: «No lo hagas, yo soy un servidor como tú y tus hermanos los profetas y como todos los que escuchan las palabras de este libro. A Dios tienes que adorar» (Apocalipsis 22:8-9).

El cristianismo enseña que los creyentes no deben orar a los ángeles; en cambio, debemos pedirle a Dios que nos envíe ángeles. Esto es porque Dios desea que sus hijos le den la gloria y la adoración a él y no a los ángeles. Sí, los ángeles son importantes, pero en última instancia son los asistentes de Dios. Dios es quien les da instrucciones. En la Biblia, las personas no rezan a los ángeles ni los invocan. La única excepción, que ya mencioné, es el ejemplo de Juan el Amado que cae de rodillas y reza a un ángel, que lo detiene e insiste en que no le ore ni lo adore, sino que le dé toda la gloria a Dios.

¿Esto significa que no debemos reconocer a los ángeles en nuestra vida? Sí, podemos reconocerlos. Podemos reconocerlos como mensajeros de Dios y protectores. Podemos honrar su función como siervos de Dios en los cielos y en el reino terrenal. Podemos familiarizarnos con los ángeles y llegar a conocerlos. Incluso, aunque no reconozcamos que son activos en nuestra vida, debemos ser receptivos a su presencia invisible. Es una confirmación más de que Dios está consciente de nuestras necesidades y nos manda a sus ángeles para ayudarnos.

El propósito de arcángeles y ángeles

Los ángeles y los arcángeles existen para ayudar a unir el cielo y la Tierra, operando de acuerdo con el plan divino que Dios tiene para las personas, así como para el planeta.

La Biblia deja claro que Dios usa a los ángeles como sus mensajeros, protectores, guerreros y amigos para quienes lo necesitan. La mayoría de las veces no se dan a conocer, pero siempre están trabajando en las tareas de Dios para la humanidad y la tierra. Si te preguntas si Dios escucha y responde tus oraciones, puedes estar seguro de que no solo escucha, sino que además involucra a sus ángeles para que te asistan.

El Salmo 34:8 dice: «El ángel del Señor hace sus rondas junto a los que le temen y los guarda». Además, Hebreos 13:2 dice: «No dejen de practicar la hospitalidad, pues deben saber que algunos dieron alojamiento a ángeles sin saberlo».

Como puedes ver, Dios desea usar su ejército de ángeles para ayudar de muchas maneras a la humanidad. Dios te ama tanto que tiene una gran cantidad de ángeles celestiales listos para servirle por tu propio bien. Ya sea para acercarte más a él,

Comprendiendo a los ángeles

protegerte del peligro, ayudarte o simplemente acompañarte en tu viaje, a Dios le importas lo suficiente como para permitir a sus espíritus ayudantes que sean muy influyentes en tu vida.

Conforme leas el Antiguo y Nuevo Testamentos, encontrarás múltiples referencias a los arcángeles y ángeles. Dios continuamente envió ángeles para comunicar sus mensajes a su pueblo, incluyendo a Abraham, Moisés, Jacob, Daniel, Gedeón, la Virgen María, José, Zacarías y más. Dios usó ángeles varias veces para proteger y fortalecer a Jesús, como en el tiempo de la persecución de Herodes (Mateo 2:13-20) y mientras estaba en el Huerto de Getsemaní (Lucas 22:43).

Si bien no adoramos ni rezamos a los ángeles, nos beneficiamos de que Dios envíe ángeles a nuestro lado. A continuación, profundizaremos en el tema de los tipos específicos de ángeles a los que se hace referencia en la Biblia.

Serafín

Los serafines se consideran el nivel más elevado del reino angélico y el más cercano a Dios.

El profeta Isaías vio a los ángeles serafines cuando entró al templo a orar, porque él, como otros, estaba ansioso por el futuro. El rey acababa de morir y un tiempo de prosperidad fue reemplazado por la incertidumbre.

A Isaías se le dio un magnífico mensaje cuando vio una visión del ruedo del manto de Dios que cubría todo el interior del templo. Luego vio ángeles, cada uno con seis alas, revoloteando alrededor de Dios. Estos ángeles, llamados serafines, cantaban alabanzas a Dios: «Santo, Santo, Santo es Yavé de los Ejércitos, su Gloria llena la tierra toda» (Isaías 6:3). Isaías informó que el susurro de los serafines sacudió todo el templo y lo llenó de humo.

También dijo que las dos alas superiores de los serafines cubrían sus rostros, las dos de en medio se usaban para volar y las dos inferiores cubrían sus pies. Algunas personas creen que la palabra serafín, plural de la palabra *seraf*, significa «los de fuego» o «los que arden», debido a su asociación con el humo y las brasas.

Cuando Isaías se dio cuenta de lo que estaba viendo se estremeció de miedo. Protestó porque no poseía la pureza suficiente para ver a los ángeles de Dios. A fin de cuentas, la Ley que Moisés había registrado decía que solo las personas ceremoniosamente limpias podían entrar al templo y conectarse con el Santo de los Santos, que contenía el arca del Testimonio. Si no eran puras, podrían morir al contacto con el Sanctasanctórum. Entonces Isaías temió por su vida.

Fue entonces cuando un serafín le llevó a Isaías un carbón caliente que se llevaba del altar del templo entre tenazas. El ángel puso el carbón caliente en los labios de Isaías para purificarlo. Entonces Dios le pidió a Isaías que comunicara su mensaje e Isaías estuvo de acuerdo (Isaías 6:1-9).

Querubín

Cuando pensamos en un querubín, sin duda, nos viene a la mente un ángel bebé regordete similar a Cupido. Según Alice Wood, autora del trabajo académico sobre querubines llamado *Of wings and wheels*, la tradición judía temprana describió a los querubines (el plural de querubín) con rasgos humanos juveniles, basándose en una interpretación de las raíces de la palabra en hebreo traducida como «juventud».

La primera mención de los querubines en la Biblia fue después de que Adán y Eva desobedecieron a Dios y fueron escoltados fuera del Jardín del Edén. La única descripción de los ángeles hacía referencia a una espada encendida para proteger la puerta de modo que la pareja no pudiera volver a entrar al Jardín (Génesis 3:24).

Los teólogos creen que el autor del relato del Jardín del Edén quizá omitió la descripción de cómo se veía un querubín, suponiendo que el lector sabía esta información. De todas maneras, es difícil imaginar a un bebé querubín con una espada encendida protegiendo una puerta.

Los querubines se mencionan 57 veces en la versión de la Biblia del rey Jacobo y la mayoría de las referencias pertenecen a esculturas que guardan el arca del Testimonio, bordados en las cortinas del Tabernáculo y grandes estatuas que custodian la entrada del templo. Parece haber una conexión entre los querubines del Jardín del Edén y los del arca y el templo. Dios fue descrito varias veces en hebreo como el Señor entronado «entre querubines».

La primera descripción bíblica de las características de los querubines proviene de Ezequiel 10. Las profecías de Ezequiel coinciden con las de Jeremías, quien advirtió sobre la destrucción de Jerusalén y del templo. Las profecías de Ezequiel y Jeremías se hicieron realidad, y aquellos que sobrevivieron a la masacre fueron llevados al exilio en Babilonia.

La visión de Ezequiel era de los querubines en el templo, que estaba lleno de la nube de la presencia de Dios. Ezequiel describió que escuchó el sonido de las alas de los querubines que se movían, un sonido como la voz de Dios, tan fuerte que era audible fuera del templo. Todos los querubines tenían manos humanas debajo de sus alas. Una rueda estaba colocada al lado de cada querubín y podía moverse en cualquiera de las cuatro direcciones.

Entonces Ezequiel dijo que cada uno de los querubines estaba cubierto de ojos, al igual que las ruedas junto a ellos. Los querubines «Y toda su carne, y sus costillas, y sus manos, y sus alas, y las ruedas, llenos estaban de ojos» (Ezequiel 10:12). Cada querubín tenía cuatro caras: de buey, de humano, de león y de águila.

Ezequiel vio que las ruedas se movían cuando los querubines se movían y cuando levantaban sus alas, las ruedas también se quedaban con ellos. El profeta dijo que «el espíritu de los animales estaba en ellas» (Ezequiel 10:17). Los vio volar hacia la puerta oriental del templo, una alusión a los querubines de la puerta este del Edén, y se dio cuenta de que había visto antes a los querubines, cuando estaba en el río Kebar. Fue entonces cuando Ezequiel tuvo la certeza de que eran querubines.

Arcángeles

La palabra *arcángel* significa «primer ángel» o «jefe de los ángeles». Según Tomás de Aquino, quien escribió sobre la jerarquía de los ángeles, los arcángeles son los administradores de los ángeles guardianes.

¿Por qué algunos arcángeles son llamados santos?

El título «santo» puede ser confuso para algunas personas, ya que muchos creen que solo un humano puede ser considerado santo. El título proviene de la palabra latina *sancta*, que significa «santo». El uso de este título con respecto a los ángeles se ha practicado durante mucho tiempo en el catolicismo.

Miguel, Gabriel y Rafael han sido honrados como santos en la tradición católica desde sus inicios. Muchas personas han venerado, y aún lo hacen, e invocado a dichos ángeles para que les ayuden. El día de la fiesta católica para los santos arcángeles es el 29 de septiembre.

A menudo se considera que Uriel es un arcángel en los sistemas que reconocen a un cuarto arcángel, incluido en el Libro de Enoc. Sin embargo, no es un santo católico y no aparece en la Biblia canónica.

Ángeles anónimos en la Biblia

Hay otras referencias en la Biblia donde los ángeles no son especificados por nombre, pero la opinión del consenso sostiene que son arcángeles.

Por ejemplo:

- Cuando estaba de pie a orillas del río Tigris, el profeta Daniel vio a un hombre vestido con ropa de lino: «Su cuerpo brillaba como el crisólito, su rostro tenía el aspecto del relámpago, sus ojos semejaban antorchas de fuego, sus brazos y sus piernas como el fulgor del bronce bruñido, y el sonido de sus palabras como el estruendo de una multitud» (Daniel 10:6). Muchos especulan que se trataba del arcángel Gabriel. Además, en Daniel 7:16, Daniel vio a otro ángel que interpretó una visión anterior de él y se piensa que este ángel también es Gabriel.
- En Hechos 10:3-5, Cornelio tuvo una visión y vio a un ángel de Dios, lo que le hizo sentir miedo. El ángel le dijo que sus oraciones y sus limosnas habían sido escuchadas por Dios, y le dio un mensaje para el apóstol Pedro acerca de la salvación de Dios.
- En Mateo 4:1-11, Jesús fue tentado por Satanás después de pasar 40 días y 40 noches ayunando en el desierto. Los ángeles llegaron y se hicieron cargo de él. Los ángeles también estuvieron presentes en la tumba de Jesús, según Mateo 28, Marcos 16, Lucas 24 y Juan 20.

Aunque la Biblia no da nombres a estos ángeles, uno o todos podrían haber sido arcángeles.

¿Los arcángeles tienen cuerpo y alas?

Algunos artistas representan a los arcángeles con cuerpo y alas, y algunas veces llevan una espada. Hay descripciones bíblicas de serafines y querubines que tienen alas, pero no de arcángeles. Ninguna evidencia bíblica respalda la idea de que los arcángeles tengan esa apariencia, aunque pueden tomar forma humana. Las visiones de Daniel sobre Gabriel indicaban que se parecía a un hombre.

Los arcángeles son seres espirituales que operan en su mayor parte en el reino espiritual. Esto no quiere decir que a veces no se manifiesten en el reino terrenal; pueden hacerlo y lo hacen. A lo largo de la historia, hay muchos informes de testigos que han visto ángeles, desde los tiempos bíblicos hasta nuestros días. Sigue siendo un misterio cómo operan exactamente los ángeles en ambos reinos, pero han existido desde que Dios los creó y existirán por la eternidad.

Arcángel Miguel

Cuando se trata de ángeles, el arcángel Miguel es considerado el líder. Como «Príncipe de la hueste celestial», está por encima de todos los demás en cuanto a rango. El significado hebreo de su nombre es: «quien es como Dios».

Miguel es poderoso, pero no es todopoderoso como Dios. De hecho, en Judas 1:9 encontramos que ciertamente depende de Dios para obtener poder y es sumiso ante él. Todos los santos ángeles se clasifican y se someten a la autoridad de Dios; la sumisión en este caso es un honor que da poder y fuerza.

Además de lo que encontramos en las Escrituras y otros textos sagrados, no se sabe mucho acerca de Miguel. La Biblia se refiere cuatro veces a él y se le asocia con cuatro funciones:

- Para combatir a Satanás.
- Para proteger y rescatar a las almas del poder de Satanás.
- Para ayudar a los hijos de Dios, en especial a la hora de la muerte.
- Para escoltar a las almas de la Tierra y llevarlas a juicio.

En la Biblia protestante canónica, el único arcángel nombrado es Miguel; en los Libros de Daniel, Judas y en el Apocalipsis.

Mientras guardaba el luto, oraba y hacía ayuno durante tres semanas, el profeta Daniel recibió un mensaje de un ángel, que quizá se tratara de Gabriel. El ángel explicó a Daniel que se había demorado en llegar a él porque un espíritu maligno le había bloqueado el paso. Nadie había ayudado al ángel a llegar a Daniel, a excepción de Miguel, el arcángel (Daniel 10:1-13).

El alma de Daniel se vio perturbada por una visión que le enviaron de una gran guerra que ocurriría entre las naciones, en la que vio la próxima persecución de su pueblo: los israelitas. Luego vio una visión de Jesús, su rostro brillaba como un rayo con ojos como fuego. La visión alarmó a Daniel y aniquiló su fuerza.

El ángel describió a Daniel un futuro apocalíptico: «En aquel tiempo, se alzará Miguel, el gran Príncipe, que está de pie junto a los hijos de tu pueblo. Será un tiempo de tribulación, como no lo hubo jamás, desde que existe una nación hasta el tiempo presente. En aquel tiempo, será liberado tu pueblo: todo el que se encuentre inscrito en el Libro» (Daniel 12:1).

En la Epístola de Judas (atribuida a Judas, el hermano de Jesús), el autor describe que el arcángel Miguel le dice al diablo: «¡Que el Señor te reprenda!» cuando el diablo discutía con Miguel sobre el cuerpo de Moisés (Judas 1:9). Miguel no discutió con el diablo, sino que lo reprendió en nombre de Dios. Esta fue la manera en que Judas nos dijo que dejemos a Dios todos los asuntos que involucran al mal para que él los juzgue y los maneje. Judas estaba explicando sobre los ángeles caídos y que la gente estaba desobedeciendo a Dios, lo que llevaría a un fin de los tiempos apocalíptico y al día del Juicio Final.

En el Libro de Apocalipsis, el autor, Juan el Amado, describe una guerra en el cielo en la cual «Miguel y sus ángeles combatieron contra el dragón. Lucharon el dragón y sus ángeles» (Apocalipsis 12:7). El dragón es un símbolo del diablo y esta es una de las razones por las que Miguel suele ser representado sometiendo a un demonio o dragón con sus pies y su espada.

En el catolicismo, el arcángel Miguel es San Miguel, el santo patrón de la policía y de los guardias de seguridad. Es el ángel a quien Dios envía como protección contra las fuerzas del mal. En pinturas del arcángel Miguel, a menudo es representado como un hombre musculoso con grandes alas parecidas a las de un cisne. Por lo general usa armadura y porta una espada o un escudo. En algunas ilustraciones, Miguel sostiene la balanza de la justicia.

Arcángel Gabriel

Gabriel es llamado ángel, no arcángel, en la Biblia protestante canónica. Es llamado arcángel en el Libro de Enoc. Gabriel es el único ángel identificado que habla en la Biblia. Los otros ángeles que hablan son referidos con títulos como «ángel del Señor» en lugar de un nombre propio. Miguel es identificado, pero no habla directamente en la Biblia.

La primera vez que encontramos a Gabriel en la Biblia es cuando le explica a Daniel acerca de las visiones del profeta sobre «el tiempo del fin». Daniel se desmayó cuando lo hizo, así que el ángel lo ayudó a ponerse de pie (Daniel 8:16-18).

Gabriel regresó más tarde y explicó que el arcángel Miguel lo había ayudado a llegar a Daniel con un mensaje importante, después de que el diablo tratara de bloquearlos hablando. El mensaje de Gabriel en Daniel 9:21-27 fue sobre la llegada de Jesús como el Mesías.

La siguiente visita registrada de Gabriel fue al sacerdote Zacarías (que no debe confundirse con el profeta del Antiguo Testamento) para anunciar el nacimiento de su próximo hijo: Juan el Bautista. Gabriel declaró que su hijo: «Será grande a los ojos del Señor [...] Estará lleno del Espíritu Santo desde el seno de su madre, y hará que muchos israelitas vuelvan al Señor, su

Dios» (Lucas 1:15-16). El arcángel Gabriel le explicó que su hijo prepararía a la gente para la venida del Señor y haría que la gente rebelde aceptara la sabiduría de los piadosos.

Pero Zacarías no le creyó al ángel y argumentó que él y su esposa, Isabel, eran demasiado mayores como para tener hijos. Gabriel respondió: «Yo soy Gabriel, el que está delante de Dios, y he sido enviado para hablarte y anunciarte esta buena noticia» (Lucas 1:19). Y debido a que Zacarías mostró falta de fe al no creer el mensaje del ángel, se quedó mudo y permaneció sin palabras hasta que nació el niño. Isabel quedó embarazada y dio a luz a un hijo, como el ángel había prometido (Lucas 1:20-25).

La siguiente anunciación fue el famoso relato de Gabriel diciendo a la Virgen María: «Concebirás y darás a luz un hijo, y le pondrás por nombre Jesús» (Lucas 1:31). Gabriel predijo que su hijo reinaría sobre Israel para siempre y su Reino no tendría fin.

Cuando María le preguntó al ángel cómo podría tener un bebé, pues era virgen, Gabriel le explicó que el Espíritu Santo descendería sobre ella. María obedientemente respondió que ella era la sierva del Señor y dijo: «Que se cumpla en mí lo que has dicho». Y así, Gabriel se fue (Lucas 1:26-38).

Después, un ángel del Señor se presentó al prometido de María, José, quien estaba intranquilo porque María estaba encinta. Le preocupaba si era correcto casarse con ella dadas las circunstancias. Asegurándole a José que el niño había sido concebido por el Espíritu Santo, el ángel (quien, aunque no se le haya dado un nombre específico, muchos creen que fue Gabriel por la similitud del mensaje que recibió María) dijo: «Tú eres el que pondrás el nombre al hijo que dará a luz. Y lo llamarás Jesús, porque él salvará a su pueblo de sus pecados». Entonces José hizo lo que el ángel del Señor le ordenó y tomó a María como su esposa. Ella permaneció virgen hasta después del nacimiento de su hijo (Mateo 1:18-21).

Los eruditos de la Biblia creen que Gabriel también aparece en otros episodios, aunque no se menciona específicamente por su nombre. Algunas de las referencias adicionales a un «ángel del Señor» en el Nuevo Testamento bien podrían tratarse de Gabriel.

Según la tradición cristiana, se cree que Gabriel es el ángel que se apareció a José y a los pastores. También pudo haber sido el ángel que «animó» a Jesús cuando estaba luchando en agonía en el huerto de los olivos (Lucas 22:43). Además, puesto que era un ángel mensajero, es posible que se tratara del ángel que habló con el apóstol Juan en Apocalipsis 1:1-2.

En el catolicismo, Gabriel es san Gabriel, el patrón de las personas que trabajan como mensajeros, incluidos los de los medios de comunicación, los maestros y los trabajadores postales. En obras de arte, se retrata a Gabriel con un vestido largo, con pelo ondulado y rasgos faciales andróginos. Los símbolos de este arcángel en la pintura incluyen un tallo de tres lirios blancos que significa pureza y la Santísima Trinidad, y una trompeta para los anuncios.

Las imágenes de Gabriel suelen representar al ángel con las manos unidas y dos dedos apuntando hacia arriba. Este gesto es controversial, ya que algunos creen que es un error de interpretación y una influencia demoníaca en los artistas. Otros señalan que el código del gesto de la mano de los antiguos grecorromanos, los llamados gestos del orador, es el origen. Los historiadores dicen que el gesto del tercer dedo que toca el pulgar es símbolo de las letras griegas de Jesús, o «el nombre sobre todo nombre».

Arcángel Rafael

La historia del arcángel Rafael está en el Libro de Tobías, que es parte del canon católico. Este libro, escrito cientos de años antes de Cristo, describe a un hombre llamado Tobías que se mantuvo leal a Dios en sus oraciones en lugar de adorar a los ídolos paganos, como hacían los que lo rodeaban (incluido el rey). El rey lo castiga despojándolo de su dinero y sus propiedades, y lo exilia. Poco después, Tobías quedó ciego.

Su hijo Tobías se ofreció a recuperar el dinero de su padre. En el camino, Tobías conoció a un extraño que le dijo que guiaría sus viajes. El extraño era el arcángel Rafael disfrazado de humano. Dios envió a Rafael a curar a Tobías y a una mujer llamada Sara, que había sido atormentada por un demonio que mató a su marido en su noche de bodas.

Rafael ayudó a expulsar al demonio en una ceremonia que involucraba órganos de peces, y Tobías y Sara se casaron. Con la ayuda de Rafael, se recuperó el dinero de Tobías. Cuando Tobías, Sara y Rafael volvieron a la casa de Tobías, el ángel usó pescado molido para devolverle la vista a Tobías. Es una historia con un final feliz y es entonces cuando Rafael revela su verdadera identidad como arcángel.

Rafael podría ser el ángel mencionado en Juan 5, en una historia sobre personas enfermas que pasan tiempo en el estanque Betsata. La razón por la que pasaban tiempo allí es porque «el Ángel del Señor descendía cada tanto a la piscina y movía el agua. El primero que entraba en la piscina, después de que el agua se agitaba, quedaba curado, cualquiera que fuera su mal» (Juan 5:1-4). Algunos estudiosos creen que este ángel fue Rafael debido a los poderes de curación generalmente atribuidos a él.

Otro relato bíblico de un ángel que los eruditos creen que se trataba de Rafael está en Génesis 18, cuando tres ángeles visitaron a Abraham y Sara. Aunque en el libro no se mencionan los nombres específicos de los ángeles, según el Talmud, eran Miguel, Rafael y Gabriel (Bava Metzia 86b). También se especula que Rafael fue el ángel que sanó a Jacob de una lesión en el muslo, en Génesis 32.

Muchas personas honran al arcángel Rafael, en particular confían en él para que los proteja o las cure a ellas y a sus familias. Por supuesto, Dios es el sanador, pero usa ángeles para otorgar sanación cuando lo ordena. Jesús sanó a muchas personas durante su ministerio, y es posible que algunas veces las sanaciones tuvieran participación angélica, pero otras veces fue Jesús usando la autoridad que tenía por Dios para llevar a cabo la sanación. Aquellos que necesiten sanar pueden recurrir a Dios en oración y dejar que los cure de la manera que le parezca adecuada. Esto puede incluir ayuda angélica o no.

En el catolicismo, el arcángel Rafael es el santo patrón de los viajeros, de los ciegos y de los casamenteros gracias a su participación en estas tres situaciones con Tobías, su hijo y Sara. El nombre de Rafael significa «Dios sana».

Las pinturas del arcángel Rafael lo representan sosteniendo uno o más peces en una línea de pesca como su símbolo principal. También se muestra con un bastón, a menudo tomando la mano de un niño o un joven como compañero de viaje.

Arcángel Uriel

Como mencioné, Uriel es considerado un arcángel solo en los sistemas que reconocen a un cuarto arcángel. Sin embargo, no aparece en la Biblia canónica. Uriel es descrito en el Libro de Enoc y en el Segundo Libro de Esdras. Algunos eruditos identifican a Uriel como el querubín que custodiaba la puerta este del Edén (Génesis 3:24). También se piensa a veces que es uno de los siete ángeles mencionados en el Apocalipsis.

En el Libro de Enoc, el papel de Uriel se describe como defensor de los humanos, incluido un mensajero enviado a Noé para advertirle de la inminente inundación. Tal vez por su conexión con Noé, así como por su afinidad con los elementos meteorológicos del trueno y el rayo, se considera que Uriel es un arcángel que nos ayuda cuando hay inundaciones, terremotos, incendios, huracanes, tornados y cambios en la Tierra.

Uriel es considerado un arcángel por la Iglesia anglicana episcopal, donde es el patrón de los que se rigen por la fe. Su nombre significa «luz de Dios» y, en obras de arte, es representado sosteniendo una bola de fuego, un farol o el sol mismo.

Ángeles de la guarda

Cuando alguien habla de ángeles de la guarda, a menudo me viene a la mente la ilustración de dos niños pequeños que cruzan un puente desvencijado con un gran ángel que flota detrás de ellos. «Ángel de la guarda cuida a dos niños cruzando un puente peligroso», y las variaciones de dicha escena, es probablemente una de las imágenes más comunes que encontramos colgadas en la pared de las habitaciones de los pequeños. Es la personificación de lo que concebimos que hacen los ángeles guardianes (proteger) y la visión de lo que imaginamos que sería una hueste celestial. La idea de un ángel de la guarda que nos cuida puede ser un gran alivio.

Los ángeles representan a Dios

¿Todos tenemos un ángel de la guarda? Es difícil ser objetivo sobre el tema, ya que el término ángel de la guarda no figura en ninguna parte de la Biblia. Sin embargo, se interpreta que los siguientes versículos del Salmo 91 se refieren a los ángeles de la guarda:

- Versículos 4, 7: «Te cubrirá con sus plumas, y hallarás un refugio bajo sus alas». «Su lealtad será tu escudo y armadura».

Santos y ángeles

- Versículo 10-11: «No te alcanzará ningún mal, ninguna plaga se acercará a tu carpa, porque ha ordenado a sus ángeles que te protejan en todos tus caminos».

Muchas personas oran recitando el Salmo 91:10-11 cuando tienen miedo o cuando necesitan protección. Esta Escritura indica claramente que Dios tiene ángeles asignados a las personas para mantenerlas a salvo.

Hay referencias que aseguran que los ángeles son representantes de Dios y pueden proporcionar una conexión entre Dios y los humanos. Por ejemplo, Mateo 18:10 dice que los niños tienen sus propios ángeles y esos ángeles ven a Dios: «Cuídense, no desprecien a ninguno de estos pequeños. Pues yo se lo digo: sus ángeles en el cielo contemplan sin cesar la cara de mi Padre del cielo».

Además, Hebreos 1:14 dice sobre los ángeles: «Pues, ¿no son todos ellos espíritus de servicio? Y reciben una misión para bien de los que recibirán la salvación». Esto indica claramente que los ángeles son enviados por Dios para ayudar a las personas según sus instrucciones.

A lo largo de las Escrituras vemos que los ángeles son usados por Dios para proteger a su pueblo. Génesis 18 y 19 describen que los ángeles libraron a Lot del peligro y siguieron los mandatos de Dios para llevar ira a las ciudades. Además, en Éxodo 32:34, Dios le dice a Moisés que sus ángeles irán delante de él, un pensamiento reconfortante.

A lo largo de la Santa Biblia, desde el primer libro, Génesis, hasta el último libro, Apocalipsis, puedes leer que Dios utiliza ángeles para hacer su obra de diversas maneras, en los cielos y en el reino terrenal. Los ángeles están llenos de la gracia, del poder y la majestad de Dios. Cuando Dios se los indica, hacen su voluntad continuamente, al ayudar a la humanidad de innumerables maneras. Dios, en su infinito amor y sabiduría, es tan amable con su ayuda porque desea que cada persona acepte la salvación y herede su Reino. Tiene un gran número de ángeles para ayudar a los seres humanos para que, en última instancia, puedan quedarse con él para siempre.

Tercera parte

Los santos

Obtén inspiración en los santos

Suele pensarse que los santos son personas que vivieron una vida santa dedicada a Dios. De hecho, una de las definiciones del diccionario María Moliner del término *santo* es: «se aplica a las personas a quien, por sus extraordinarias virtudes mientras vivieron, la Iglesia les ha concedido ese título y ha dispuesto que se les rinda culto de dulía, considerándolas como mediadoras entre los hombres y Dios».

Algunas veces, se dice que alguien es «santo» por su bondad o su generosidad, lo cual es una definición alternativa según el DRAE: «Dicho de una persona: de especial virtud y ejemplo». En este libro, nos centramos en la primera definición, la de una persona que es reconocida oficialmente.

Existen muchas formas en las que la gente interactúa con los santos:

- **Dulía**: en el catolicismo es el proceso de honrar a los santos. Además, existe la práctica tradicional de *hiperdulía*, que es honrar en especial a la Virgen María (ambos términos son distintos que *latría*, que es adoración y veneración a Dios).

- **Inspiración**: este es el método que elijo: ser *inspirada* por las increíbles historias de resistencia, compromiso, superación de adversidades y milagros.
- **Patronato**: es asociar a un santo con un tema en particular. Suele decirse que hay un santo patrón de ese tema.
- **Veneración**: implica pedir a un santo para que rece por ti o interceda en tus oraciones al llevarlas a Dios en tu nombre.

La Biblia no deja duda de que solo hay que rezar a Dios y venerar solo a Dios. En lugar de rezar a los santos, algunas personas les piden que intercedan por ellos, por ejemplo: «Santa Teresa, por favor reza por mí». Creen que los santos, al estar en el cielo, están más cerca de Dios, y que es similar a rezar a Dios en nombre de Jesús. Pero, la diferencia es que la Biblia nos dice que recemos en nombre de Jesús y no menciona que pidamos a los santos que intercedan por nosotros. No obstante, la práctica se ha convertido en una antigua tradición y brinda consuelo a mucha gente.

Los cristianos creen en la vida después de la muerte y, por lo tanto, es entendible pensar que hay personas divinas en el cielo que «ponen su oído» al servicio de Dios. Rezar directamente a uno de estos personajes y pedirle que hable bien de nosotros suena razonable. No dudamos en pedirle a un amigo o a un miembro de la familia de carne y hueso que rece por nosotros cuando lo necesitamos. Si creemos en el poder de la oración es lógico que varias entidades, tanto vivas como muertas, recen por nosotros. Quizá hayas recurrido a un santo o a alguna deidad de otra religión y obtuviste una respuesta, lo cual te hizo creer que la figura a la que recurriste tuvo impacto directo en la manera en que Dios respondió a tu petición.

No obstante, hay que recordar que la Biblia prohíbe estrictamente el espiritismo (hablar con los muertos) y también prohíbe la veneración de ídolos. Si rezas a los santos, no olvides que Dios sanciona tu intención. Puedes averiguarlo si pides al Espíritu Santo que te ayude con tus rezos. El Espíritu Santo siempre será honesto contigo y te ayudará a corregir todo lo que esté fuera de la Biblia.

En el catolicismo, sin embargo, no se considera que los santos estén «muertos»; se considera que la Virgen María y los santos viven en el cielo y nos ayudan como mediadores entre el Cuerpo de Cristo en la Tierra y el cielo.

En las iglesias católica y anglicana, los santos son venerados en lugar de adorados. Venerar significa «honrar», lo cual no está prohibido ni alentado en la Biblia. En Apocalipsis 5:8, Juan describe a los ancianos en el cielo que tenían «las copas de oro llenas de perfume, que son las oraciones de los santos». Muchos católicos creen que, en este pasaje, Juan se refiere a los santos que oran en nuestro nombre.

Aunque existe controversia sobre si pedir a los santos es una forma de adoración, definitivamente podemos encontrar inspiración en la vida de estos santos. Sus historias nos ofrecen ejemplos de valerosa perseverancia y compromiso con la fe en Dios. En nuestras oraciones y conversaciones con Dios, y a través de los inspiradores ejemplos de los santos, podemos comenzar a convocar la paz y la fortaleza que necesitamos para enfrentar nuestros miedos y vencer las adversidades.

Santa Águeda de Catania

¿Alguna vez has sentido que la vida te pone demasiados obstáculos? ¿Te has sentido abatido por una creciente ola de negatividad y adversidad? ¿Has estado en una situación en la que los problemas se interpusieron en tu camino hacia la felicidad y el éxito? Aunque ahora parezca que las cosas son difíciles, ¡nunca olvides ver el panorama más amplio del amor de Dios y el plan que tiene para ti! Toma inspiración del ejemplo lleno de valor de santa Águeda.

Durante su corta vida en el siglo III d. C., santa Águeda soportó repetidas sesiones de tortura y mutilaciones a manos de personas que cuestionaban su fe. Sin embargo, después de cada prueba salía más fuerte y más poderosa. La persecución que sufrió solo hizo que estuviera más segura de sus creencias.

Pasó gran parte de su vida en prisión y fue martirizada cerca de su vigésimo cumpleaños, en el año 251 d. C. En los momentos en los que podría haber sentido el dolor y la desesperanza más intensos, más bien permitió que su fe fuera estimulada, una cualidad que ocasionó que la malinterpretaran y la maltrataran durante su vida. Pero con la ventaja de verlo en retrospectiva, podemos tomarla como ejemplo y sacar una gran inspiración.

A pesar de vivir en un ambiente en el que la corrupción política era común, santa Águeda fue una mujer de gran carácter. Durante su vida, el emperador romano Gayo Mecio Quinto Trajano Decio era gobernante. El emperador Decio era un terrible tirano que despreciaba a los cristianos. Exigía que se identificaran a sí mismos, denunciaran a su Dios e incluso que se sacrificaran como tributo.

Como puedes darte cuenta, eran tiempos muy difíciles para ser cristiano, sin embargo, Águeda vivió su fe con orgullo. Cuando tenía solo quince años tomó voto de castidad, se dedicó a Dios con una vida de oración y servicio. Muchos hombres con poder se sintieron amenazados por la inquebrantable fe y la pureza de esta joven. Nació con todas las ventajas terrenales (belleza, riqueza y origen noble) así que no entendían por qué Águeda decidió llevar una vida de servicio cristiano antes que aceptar los decadentes placeres de ser rica.

Cuando Águeda rechazó las insinuaciones sexuales del senador romano Quintianus, este, en venganza, la llevó a juicio por ser cristiana. Ante el tribunal, por su «crimen», Águeda explicó: «Soy una sierva de Cristo. Por ello es que porto la apariencia exterior de una esclava. Sin embargo, es el honor más grande, ser esclava de Cristo».

En un intento por que se rindiera, Quintianus la atormentó y la encerró en un burdel. Aun así, permaneció fiel a su fe cristiana, aumentando la rabia de Quintianus, el cual ordenó que la encarcelaran y la torturaran de maneras terribles, incluyendo que le cortaran los senos.

Quintianus sentenció a Águeda a morir quemada en una estaca, pero debido a un terremoto, no se ejecutó la sentencia. Águeda fue devuelta a prisión, donde fue torturada una vez más, haciéndola rodar sobre rocas puntiagudas y brasas ardientes.

Murió en prisión mientras oraba: «Señor, mi Creador, siempre me has protegido, desde la cuna. Tú me has alejado del amor del mundo y me has dado paciencia ante el sufrimiento. Recibe mi alma».

El aspecto más increíble sobre las torturas que Águeda sufrió no fue el dolor; fue el hecho de que soportó torturas cada vez más terribles y, sin embargo, sus creencias religiosas solo se volvieron más y más fuertes. Siempre mantuvo su fe inalterable y fue valiente ante el dolor.

En el arte, santa Águeda es representada sosteniendo sus senos en una bandeja. Aunque es una imagen sorprendente, es el recordatorio perfecto de que la fe nos da una fortaleza increíble cuando estamos ante un sufrimiento inconmensurable. Lo que en la Tierra puede parecer sangriento y horrible, sin duda puede ser soportado cuando tenemos la verdadera fuerza y la guía que proporciona la fe, lo cual Águeda demostró tantas veces cuando se enfrentó a los retos de su vida.

¿Tienes la paciencia necesaria para soportar el sufrimiento? Puede ser que el presente te parezca una época difícil. No obstante, la oración de santa Águeda nos recuerda que, cuando tenemos a Dios de nuestro lado, los problemas son temporales y siempre podemos vencerlos con fe y compasión divina.

Gracias a su fortaleza estoica y al poder de su fe, santa Águeda es una de las siete mujeres cuyo nombre se menciona en el canon católico de la misa.

A santa Águeda se le relaciona con varios milagros que tienen que ver con fuego y explosiones. Después de su muerte, se retiró el velo de su tumba en Catania. Se dice que cuando alguien lo llevó durante una procesión, ella evitó que el volcán Etna hiciera erupción. Se cree que intercedió en nombre de Malta para evitar la invasión turca en 1551.

Santa Águeda es la santa patrona que protege contra incendios y desastres naturales. También es la santa patrona de Sicilia, de las campanas, de los panaderos, de los terremotos, de los joyeros, de los mártires, de las víctimas de violación, de las mujeres que padecen cáncer de mama y de las nodrizas.

Santa Ana

De una u otra forma, todos tenemos una familia que bien puede ser biológica o por elección.

Ya sea por medio de nuestra relación con las personas que nos criaron o con las que estamos criando, todos conocemos el gozo y los sacrificios únicos que implican las relaciones padre-hijo. Además de nuestros padres o nuestros hijos, en la vida también hay otras personas que nos guían o que se benefician de nuestro apoyo, sin importar la edad, la autoridad o la relación familiar.

Algunas veces chocamos con nuestros padres o con las figuras de autoridad. Quizá hagan que nos sintamos frustrados y enojados con ellos o pensamos que sus acciones no tienen razón en absoluto. Por el otro lado, nuestros hijos —o aquellas personas que nos consideran figuras de autoridad y guía— algunas veces cuestionan nuestras creencias y lo que hacemos. Quizá nos griten: «¡¿Por qué me haces esto?!».

¿Cuál es la solución? Sin duda podemos tomar a santa Ana como guía para saber cómo reaccionar ante esas agotadoras situaciones. Ella mostró gran devoción incluso cuando vivió momentos que pusieron a prueba su fe en su familia. Deseaba intensamente ser madre, pero a pesar de muchos años de dificultades para embarazarse, nunca renegó de Dios ni renunció a él. Siempre mantuvo primero a Dios y su creencia permaneció inquebrantable. Si nosotros hiciéramos lo mismo, todas las situaciones se resolverían de la mejor manera.

Como pareja, Ana y Joaquín experimentaron todos los aspectos de la paternidad. Durante muchos años no tuvieron hijos. Pero, a una edad avanzada, Ana dio a luz a María la Santísima Virgen, lo cual la convierte en la abuela de Jesucristo.

Las circunstancias precisas de la manera en que santa Ana y san Joaquín se volvieron padres varían según el texto. Lo que sí sabemos con seguridad es que María fue la única hija de Ana y Joaquín. Los padres de María eran adinerados y religiosos; su matrimonio era feliz y tuvieron una vida satisfactoria en Nazaret, sin hijos.

Pero durante un día de fiesta, cuando Joaquín intentó presentarse para ofrecer sacrificio en el templo, fue rechazado. Un líder religioso llamado Rubén (hijo de Jacob y Lea, y fundador de la tribu israelita de Rubén) dijo a Joaquín que los hombres sin descendencia no merecían ser admitidos en el templo.

Esto fue una gran pena para Joaquín y se retiró a las montañas para reflexionar. Ni siquiera le dijo a Ana a dónde se dirigía y, durante varios días, rezó a Dios para pedir que lo guiara.

Ana estaba igual de afligida. No sabía por qué su esposo había desaparecido, pero cuando lo supo, también rezó a Dios para que la privara de la infertilidad.

Cuando Dios bendijo a Ana y Joaquín con una hija, Ana estaba tan agradecida que prometió consagrar la vida de su hija, María, al servicio de Dios. Abnegadamente, Ana cumplió su promesa y entregó a su hija al servicio de Dios cuando María tenía tan solo tres años.

Durante años, ser padres era lo que Ana y su esposo más deseaban en el mundo. No obstante, en cuanto recibieron esa bendición, se centraron en la manera de agradecer debidamente a Dios por escuchar sus plegarias. Hicieron a un lado sus deseos terrenales a corto plazo para trabajar en el objetivo divino a largo plazo de dar gloria a Dios.

¿Alguna vez has tenido que hacer un gran sacrificio? ¿Has luchado por cumplir una promesa difícil?

Que el valiente ejemplo de santa Ana te consuele y te inspire. Durante años deseó ser madre y en todo ese tiempo nunca perdió la fe ni el optimismo. Finalmente, cuando Dios bendijo al matrimonio con una hija, ambos expresaron su agradecimiento y devoción al dedicar a su hija a su servicio.

Santa Ana, por medio del milagro de dar a luz a la madre de Jesús, nos enseña el valor de confiar en Dios. Ella y su esposo llevaron vidas morales de servidumbre religiosa, y nos recuerdan el poder y el valor de la influencia de los niños.

Santa Ana y san Joaquín nos vigilan en nuestras interacciones familiares. Son los santos patronos de las personas sin hijos, de los abuelos, de las madres y de los hijos.

Santa Ana es también la santa patrona de las amas de casa, de los fabricantes de encajes, de los mineros, de los traficantes de ropa vieja, de las costureras, de los carpinteros y de los jinetes.

A menudo se representa a santa Ana sosteniendo un libro, de pie frente a una puerta, o sosteniendo a María o a Jesús.

San Antonio de Padua

¿Alguna vez has luchado para que te escuchen? ¡A algunos nos da miedo hablar en público con una gran pasión! Si has tenido que hablar ante una multitud, ¿te preocupaba que los presentes no quisieran escucharte? ¿O que no te entendieran?

San Antonio nos recuerda que mover a las personas con las palabras tiene que ver con la sinceridad. Si necesitas valentía para dar un discurso o persuadir a un público, mira su ejemplo.

San Antonio de Padua nació con el nombre de Fernando de Bulloes en Lisboa, Portugal. Durante sus 36 años de vida en el siglo XIII, este sacerdote católico y fraile de la orden franciscana viajó por todo el mundo, impresionando a las personas con sus habilidades oratorias dondequiera que fuera. Estaba fervientemente dedicado a ayudar a los pobres y a los enfermos. Tocó a muchas almas a través de su amplio conocimiento de las Escrituras y de su persuasivo poder de oratoria.

Antonio escuchó el llamado a muy temprana edad. Fernando (como se le conocía en esa época) entró a la orden religiosa de San Agustín cuando aún era adolescente. Con solo quince años, solicitó que lo enviaran a la Abadía de Santa Cruz, en Coímbra, que entonces era la capital de Portugal. Durante casi una década de estudio en Coímbra, Fernando aprendió teología latina y agustiniana, y quizá también fue ordenado sacerdote.

Un gran momento clave sucedió cuando Fernando vio los cuerpos de cinco mártires franciscanos enviados desde Marruecos. Estos monjes mártires habían predicado las enseñanzas de Cristo en una mezquita en Sevilla, y al llegar a Marruecos, fueron torturados y asesinados. Sus restos fueron mostrados en un desfile por el monasterio de Coímbra.

Ese momento tuvo un enorme impacto sobre el joven Fernando. Movido por el sacrificio de los monjes, tomó una rápida decisión: se trasladaría a la orden franciscana con la esperanza de buscar la «gloriosa corona de los santos mártires». Fernando cambió su nombre por el de Antonio y se embarcó con rumbo a Marruecos. Sin embargo, nunca llegó a su destino. Debido a fuertes vientos, la nave se desvió de su curso y Antonio se encontró en Sicilia. Una vez ahí, mantuvo una actitud discreta, abriendo su corazón y su mente al entrenamiento franciscano.

El siguiente momento decisivo ocurrió en 1222, cuando por casualidad, Antonio fue llamado a dar un pequeño sermón antes de una ordenación de dominicos y franciscanos. Aunque sus expectativas eran bajas, tal vez inexistentes, Antonio deslumbró al grupo con su simple elocuencia.

¿Qué tenía de maravilloso el discurso? Antonio combinó un excelente conocimiento de las Escrituras, un mensaje simple y universal y una fe inquebrantable. Todas esas cualidades fueron la clave de las grandes habilidades de Antonio como orador público y evangelista de Cristo.

Aunque el poder persuasivo de san Antonio está muy ligado a su habilidad para difundir verdades universales simples a todo tipo de personas, también fue responsable de exhibiciones un poco más «ostentosas» de lo divino. Por ejemplo, cuando viajó a la ciudad de Rímini, que estaba llena de herejes, Antonio se encontró con una multitud difícil. Cuando estaba dando sus apasionados y conmovedores discursos, ¡la gente reaccionaba con aburrimiento, silencio y falta de interés! Para no desanimarse, Antonio fue a caminar y rezó por lo que acababa de pasar.

Cuando Antonio llegó a la desembocadura del río Marequia, miró al agua y pronunció su sermón ante un banco de peces. De repente, se reunieron más y más peces, y asomaron la cabeza fuera del agua, ¡como si trataran de escuchar el discurso de Antonio! Claro que este incidente causó una gran conmoción y los habitantes de Rímini, que antes no se habían inmutado, le dieron otra oportunidad a las palabras y al mensaje de Antonio. Este hecho provocó que muchas personas se convirtieran al cristianismo.

Recuerda el gran ejemplo de san Antonio la próxima vez que intentes comunicar un mensaje sincero. Incluso aunque nadie esté escuchando, no te rindas. Dios está de tu lado, ¡y es posible que tu público cambie de actitud!

San Antonio tiene el honor de ser el santo que más rápido fue canonizado; sucedió antes del primer aniversario de su muerte. San Antonio es símbolo de combatir la opresión, la pobreza, el hambre y de sentirse perdido. Es el santo patrón de las cosas perdidas, de las almas perdidas, de los amputados, de la esterilidad, de los ancianos, de los pescadores, de las cosechas, de los marineros, de los naufragios, de las embarazadas, de los porqueros y de los viajeros.

El patrocinio de san Antonio de los artículos perdidos, personas perdidas y almas perdidas está relacionado con sus viajes lejanos. También tiene que ver con un momento importante de su vida, cuando alguien robó su libro de salmos después de dar un discurso. El salterio tenía un gran valor sentimental para Antonio, pues contenía varias anotaciones que solía enseñar a sus alumnos en la orden franciscana (el libro también tenía un alto valor monetario, ya que la impresión en ese tiempo era poco común y costosa).

¡Todos nos hemos sentido frustrados por perder un objeto importante! Y todavía es más frustrante cuando no es fácil de reemplazar. ¿Qué haces en una situación así? Cuando has buscado por todas partes y no has encontrado nada, cuando parece que nunca volverás a encontrar lo que perdiste, ¿cómo reaccionas?

La respuesta de san Antonio fue la oración. Recurrió a Dios y le pidió que el libro de salmos volviera a él, ¡y así fue! El ladrón se conmovió y devolvió el libro, y así se estableció la intercesión de san Antonio en la recuperación de los objetos perdidos.

Santa Bárbara

¿Alguna vez has sentido que estás sufriendo debido a circunstancias que se salen de tu control? ¿Alguna vez has tenido que disimular tu verdad ante las personas más cercanas a ti solo para permanecer a salvo? Si te ha pasado, entonces toma consuelo y guía de santa Bárbara, una virgen martirizada que vivió en el siglo III d. C.

Durante gran parte de su vida, Bárbara estuvo escondida y en cautiverio porque su padre pagano se negaba a aceptar su fuerte fe cristiana. Vivió en una época de gran persecución religiosa e intolerancia extrema hacia aquellos que se declaraban cristianos. Fue objeto de quemaduras, magulladuras y mutilaciones, pero nunca renunció a su fe. La sentenciaron a muerte y fue su propio padre quien la mató.

Bárbara provenía de una familia adinerada. Después de la muerte de su madre, su padre, Dióscoro, centró todo su tiempo y su energía en Bárbara. Pero, por desgracia, solían tener enfrentamientos. Dióscoro tenía un estilo de crianza muy dominante, y Bárbara y su padre tenían puntos de vista opuestos sobre la religión. Él era pagano, mientras que ella era una gran creyente en Cristo. Esta diferencia de creencias se reflejó en casi todos los demás problemas que surgieron entre ellos, incluidos el matrimonio, la educación e incluso el diseño del hogar.

Cuando se hizo evidente que Bárbara sería excepcionalmente atractiva, Dióscoro construyó una torre y encerró a su hija. En apariencia, se suponía que era una manera de protegerla para mantenerla alejada de los ojos de extraños curiosos o lujuriosos. Pero Dióscoro también controló la libertad de Bárbara y limitó su interacción con el mundo. Por ejemplo, solo permitió que los maestros paganos que él elegía entraran a la torre, a pesar del cristianismo confeso de Bárbara.

Aunque Bárbara estuvo encerrada en sentido literal, su ejemplo ofrece lecciones sobre cómo mantener la fe, incluso cuando otros factores restringen tu libertad. Cuando Bárbara se asomaba por las ventanas de la torre y disfrutaba de la impresionante vista de la ondulante pradera que era propiedad de su padre, se maravillaba de la belleza y la enormidad de la creación de Dios. Su fe se volvió más fuerte y juró castidad.

Por desgracia, el profundo amor de Bárbara por Dios no era compatible con las creencias de Dióscoro. Los rumores sobre su belleza se habían extendido por toda la ciudad natal de Bárbara y muchos hombres se presentaron ante Dióscoro para pedirle la mano de su hija. Bárbara, por supuesto, los rechazó a todos mientras rogaba con vehemencia a su padre que respetara su fe cristiana y su juramento de pureza.

La súplica apasionada de Bárbara convenció a su padre de que le permitiera salir de la torre periódicamente, por lo que comenzó a ampliar su círculo y conoció a más cristianos. Un día, Bárbara conoció a un sacerdote disfrazado de comerciante en la vecina ciudad de Heliópolis. Él le compartió su sabiduría sobre los misterios del cristianismo y la bautizó.

Cuando Dióscoro ordenó que se construyera una casa de baños con dos ventanas para el uso de Bárbara, ella solicitó en secreto que se añadiera una tercera ventana para crear una trinidad de luz, el símbolo perfecto de su intensa fe. Esta bendita casa de baños se convirtió en el sitio de muchos milagros y el agua que ahí corría mostraba una poderosa capacidad para sanar. Por medio de este acto demostró que puedes abrazar el milagro del amor de Dios, incluso cuando te encuentres atrapado en circunstancias donde nadie más te comprende.

La inestable relación de Bárbara con su padre se deterioró rápidamente. Cuando ella le confesó que había ordenado la tercera ventana en la casa de baños como símbolo de su cristianismo, ¡él enfureció! También le dijo que su adoración a los ídolos era inútil y esto causó que se abalanzara sobre ella con furia. Milagrosamente, logró escapar de la violenta rabia de su padre gracias a una apertura espontánea en la pared de la torre.

Los últimos meses de la vida de Bárbara estuvieron llenos de un horror inimaginable. La persiguieron y después de volver a capturarla, su padre la encerró de nuevo, la entregó al prefecto de la ciudad y los despiadados verdugos la torturaron con gran crueldad. Sin embargo, cada noche, mientras permanecía a la luz en su celda, sus heridas se curaban milagrosamente. Después de que fue sentenciada a muerte, fue su desalmado padre quien llevó a cabo la ejecución.

Bárbara estaba dispuesta a sacar fuerza de Dios y de sus creencias, a pesar de tener una familia que no la apoyaba. Durante su corta vida llena de pruebas, sufrió mucho a manos de otros. Pero nunca perdió su optimismo, y lo más importante, nunca vaciló en su fe.

Santa Bárbara es la santa patrona de las personas que deben realizar trabajos peligrosos, como artilleros, armeros, ingenieros militares, excavadores de túneles, mineros y todos los que trabajan con cañones y explosivos. Algunas personas creen que, cuando estamos en peligro, santa Bárbara nos da la seguridad de que no vamos a morir sin tener la oportunidad de confesarnos y recibir la extremaunción (santos óleos).

San Benito de Nursia

*T*entación… En tu vida puede haber personas que parecen amigas, pero sus acciones dañan tu fe, influyen sobre ti de maneras que no son compatibles con tu moral. ¡Y las influencias más peligrosas pueden ser muy difíciles de detectar! Quizá no sea tan evidente que ciertas personas están alejándote de tus creencias. Tal vez sepan cómo hacer atractivas emociones convincentes, mientras minimizan las desventajas. Quizá traten de convencerte con frases como: «¡No seas tan rígido! ¿Cuál es el problema? ¡Diviértete un poco!».

San Benito de Nursia vivió en los siglos v y vi d. C. y conocía muy bien esta clase de tentación. Nació alrededor del año 480 junto con su hermana gemela, Escolástica (que más tarde también se convirtió en santa). A principios de su adolescencia, Benito fue a Roma a estudiar retórica con un tutor. Pero la versión de la retórica que le estaban enseñando no tenía nada que ver con hacer un argumento sólido; se trataba de aprender a deslumbrar al oponente con florituras, momentos de inspiración y trucos. Se trataba de dominar la técnica del estilo sobre la sustancia.

¿Alguna vez te han deslumbrado con un destello de inspiración? Tal vez te has sentido persuadido por algo o por alguien, solo para darte cuenta después de que el contenido del mensaje era vacío, ¿o incluso equivocado? ¡Piensa en esos momentos y te darás cuenta de lo difícil que es alejarte de las demostraciones ostentosas!

Esa fue exactamente la revelación que tuvo san Benito. Cuando observó a sus compañeros de clase en Roma, se sintió profundamente preocupado. Se dio cuenta de que solo les interesaban los placeres fugaces, no la verdad eterna. Puesto que no tenían fuerza moral interior ni principios rectores, eran susceptibles al vicio y la corrupción. Entonces, Benito se retiró de ese ambiente y se dirigió con su tutor al pequeño pueblo de Subiaco. Su retiro fue tan completo que comenzó a vivir como ermitaño, bajo la guía de Romano, otro ermitaño.

Pero incluso como ermitaño, ¡Benito volvió a encontrarse ante tentaciones terrenales! Un día, el diablo se acercó a Benito y lo hizo ver a una mujer hermosa. Sin embargo, Benito no sucumbió; por el contrario, rodó varias veces sobre un arbusto espinoso hasta que se desvaneció todo deseo. Salió ensangrentado y magullado, pero dijo que las heridas de su carne curaban las heridas de su alma.

Gracias a la devoción santa que sentía por su mensaje y su práctica, san Benito se convirtió en una especie de celebridad local cuando aún seguía con vida. Los monjes y otros miembros de las órdenes religiosas fueron a verlo, con la esperanza de aprender sus valiosas técnicas.

Benito rechazó al primer grupo de monjes que se le acercó. Les dijo que su instrucción sería demasiado estricta para ellos. Sin embargo, los monjes no se desanimaron, por lo que comenzaron un programa de estudio con Benito. Por supuesto, la predicción de Benito fue correcta y los monjes se volvieron tan resentidos con su maestro que trataron de envenenarlo con una bebida. Pero cuando Benito rezó una bendición sobre la copa, esta se hizo añicos.

La profunda fuerza mental de Benito atrajo atención y alabanza, y realizó muchos milagros. Entre algunos de los más importantes se encuentra salvar a la gente de morir (como cuando hizo que un monje salvara a otro monje de ahogarse en un lago) y de posesión demoníaca (como cuando exorcizó al demonio de un hombre a quien ni el obispo ni los santuarios de incontables santos mártires pudieron ayudar).

Benito estableció un sistema innovador de comunidades de discipulado, formando así la base del sistema monástico que sigue vigente en la actualidad. Sus creencias y su instrucción, conocidas en conjunto como la Santa Regla, siguen en práctica cientos de años más tarde.

San Benito predicó con un valiente ejemplo. Si estás enfrentándote a dudas o tentaciones en el trabajo o en tu fe, deja que san Benito te dé fuerza. Él se elevó sobre sus muchos detractores para llevar a cabo la voluntad de Dios. Muchos años después, seguimos hablando sobre san Benito y sus valiosas contribuciones al mundo.

San Benito es el santo patrón de los trabajadores agrícolas, de los espeleólogos, de los ingenieros civiles, de los caldereros, de los moribundos, de los granjeros, de los monjes y de los estudiantes.

San Benito demostró una enorme fortaleza cada vez que se encontraba con el mal. El diablo lo visitó con frecuencia en un intento de alejarlo de la luz de Dios, pero nunca funcionó. Si estás experimentando una situación que parece imposible, recuérdate a ti mismo que la tentación se presentará en varias ocasiones durante tu vida. A veces, nos encontramos con las dudas y las palabras desalentadoras de quienes nos rodean, incluso cuando estamos haciendo algo que dejará una larga impresión positiva en el mundo.

¡Cuando logres resistir con éxito las acciones negativas o los impulsos destructivos, tómate un momento para reconocerlo! Al igual que san Benito, tú tienes un centro moral fuerte y un pozo de gran fortaleza interior. Mantén tu corazón abierto y tu mente enfocada, y Dios te guiará para que hagas el trabajo que él te asignó en la Tierra.

Santa Bernardita Soubirous

Piensa en la época en que eras un adolescente. Tal vez, como muchos padres, los tuyos solían minimizar las cosas que para ti eran un gran problema durante ese periodo de tu vida. Cuando los adolescentes tratan de convencer a los adultos de algo, ¡a menudo es una batalla cuesta arriba!

A ese dilema se enfrentó santa Bernardita de Lourdes. Nació en Francia con el nombre de Marie-Bernarda Soubirous en el siglo XIX; provenía de un entorno extremadamente humilde y ordinario. Era hija de un molinero y la primera de nueve hermanos. Cuando tenía catorce años experimentó una visión sagrada que cambió su vida.

Un día, mientras ella, una hermana y su amiga estaban juntando leña cerca de una gruta, Bernardita escuchó un misterioso susurro. De repente, una «jovencita» iluminada apareció de la nada. Bernardita le contó a su amiga y al resto de su familia sobre el incidente, pero no pudieron dar ninguna explicación. De hecho, su propia madre expresó vergüenza por el incidente e instó a Bernardita a que no volviera a relatar su experiencia. Sin embargo, Bernardita no se desanimó y se mantuvo fiel a sus creencias.

Unos días después, cuando Bernardita regresó a la gruta, volvió a ver la aparición. Esta vez, Bernardita cayó en trance. Sus amigos arrojaron agua bendita y rocas al lugar de la aparición, lo que hizo que desapareciera. Cuando Bernardita volvió a ver la visión en un viaje posterior, la aparición le pidió que regresara todos los días durante las dos semanas siguientes.

Las próximas dos semanas de la vida de Bernardita se conocen como la *quinzaine sacrée*, o «la santa quincena». Esto se debe a que la visión se le apareció a Bernardita todos los días durante ese periodo. La ropa y los adornos (velo blanco, faja azul y una rosa amarilla en cada pie) hicieron que la gente especulara que la aparición era la Virgen María. Más tarde, y después de haber preguntado en repetidas ocasiones, la visión se identificó como «la Inmaculada Concepción».

Ahora, si este incidente sucediera en la actualidad, es probable que se desarrollara de la misma manera que en la época de Bernardita. La historia tuvo una gran difusión y el público se dividió evidentemente entre los creyentes y los escépticos.

Piensa en cualquier noticia reciente y en las intensas reacciones que las personas suelen tener ante las historias sobre figuras públicas. Ahora, imagina cómo una niña de catorce años, con poco acceso a la educación, podría responder a una repentina ola de escrutinio y atención no deseada. Los relatos de Bernardita provocaron críticas, preguntas y, a veces, acusaciones. Muchas personas especularon abiertamente sobre la salud mental de Bernardita, ¡y pedían que la encerraran en una institución mental!

A pesar de los ataques, Bernardita nunca vaciló en sus relatos. Durante la santa quincena, Bernardita informó que la visión le decía que bebiera del agua del manantial cercano y que se lavara con ella, y que comiera la hierba que crecía allí como acto de penitencia. Al día siguiente, el agua del manantial era clara y transparente, a pesar de que antes era lodosa. Poco después, la aparición le reveló a Bernardita que se debía construir una capilla y se debía hacer una procesión.

El incidente tuvo tanta publicidad que la Iglesia católica comenzó una investigación canónica oficial. Llegó a la conclusión de que las afirmaciones de Bernardita eran «dignas de creer». Es fácil pensar en este fallo oficial como una reivindicación de las afirmaciones de Bernardita. Sin embargo, toda esa publicidad le pasó factura. A Bernardita no le agradaba la atención que atrajo el incidente, por lo que tomó el hábito religioso de postulante y se unió a las Hermanas de la Caridad en Nevers.

Según todas las versiones, Bernardita valoró su estancia en Nevers. Pudo servir a Dios en relativa privacidad, lo que debe haber sido muy agradable después de la caótica cobertura informativa de su juventud.

Si necesitas un recordatorio del sencillo poder de la rectitud, ¡piensa en Santa Bernardita! Santa Bernardita fue una mujer que siempre buscó servir a Dios, a Jesús y a la Virgen María. Tuvo una opinión muy humilde de todo lo bueno que ella causó al decir: «La Santísima Virgen me usó como una escoba para barrer el polvo. Cuando el trabajo está hecho, la escoba se coloca detrás de la puerta y allí se queda».

Hay muchos milagros atribuidos directa e indirectamente a santa Bernardita. El más famoso involucra la naturaleza incorrupta de su propio cuerpo; es decir, en las tres ocasiones que exhumaron su cuerpo descubrieron que estaba prácticamente libre de descomposición. Otros milagros implican los poderes curativos del agua de manantial junto a la gruta. El Comité Médico de Lourdes ha registrado 69 casos de curas que podrían estar relacionadas con el consumo del agua de ese manantial.

Una persona que disfruta vivir bajo el microscopio de la opinión pública es extraña; más extraña aún es la persona capaz de emerger libre de efectos negativos de un escrutinio tan implacable. La historia de santa Bernardita nos recuerda que decir la verdad no siempre es fácil y que, algunas veces, la gente arremete contra ti si le dices algo que no está lista para escuchar. Tomando prestado un término de la tecnología moderna, a veces tenemos que ser los «primeros en adoptar» en materia de fe.

Santa Bernardita es la santa patrona de los que sufren enfermedades corporales, de los pastores, de los pobres y de la gente ridiculizada por su fe. Sigue su ejemplo cuando necesites mantenerte firme en tu fe.

Santa Catalina de Alejandría

Santa Catalina de Alejandría fue una de los muchas santas perseguidas en los siglos III y IV d. C. por su cristianismo. La época y el lugar en los que vivió eran tremendamente inhóspitos para los cristianos. Como virgen y mártir, la historia de Catalina comparte una fuerte similitud con la de muchos de sus contemporáneos mártires. Abrazó su fe, fue torturada debido a sus creencias y fue ejecutada porque se negó a renunciar a su religión.

Pero Santa Catalina destaca por su excepcional habilidad oratoria. Altamente educada y apasionada de la erudición, decidió hacerse cristiana con tan solo catorce años, cuando vio una imagen de María y del niño Jesús. Durante toda su vida, Catalina fue una mujer de virtud inquebrantable, comprometida con la educación.

Cuando el emperador romano Majencio comenzó una campaña de persecución contra los cristianos, la audaz y persuasiva Catalina partió para visitar al emperador con el fin de denunciar personalmente sus acciones. Aunque solo tenía 18 años en ese momento, estaba llena de confianza. No contempló la clara posibilidad de ser ejecutada por su atrevimiento. Lo único en lo que podía pensar era en la pasión que sentía por su religión, y no podía evitar hablar sobre una práctica que sabía que estaba mal y oponerse a ella.

Sorprendentemente, cuando Majencio vio a Catalina, hizo arreglos para que 50 oradores y filósofos debatieran contra ella. La superaban en número y fue intimidada. Pero, movida por el poder del Espíritu Santo, la joven Catalina defendió el cristianismo tan apasionada y tan persuasivamente, que un grupo presente de paganos se convirtió en ese lugar. Por desgracia, los conversos fueron condenados a muerte de inmediato.

El destino de Catalina no fue mejor. ¡Su habilidad retórica enfureció al emperador! La persuasión de sus argumentos solo hizo que se sintiera más confundido e intimidado. Majencio sentenció a Catalina a torturas y encarcelamiento.

Como podemos ver en la historia de santa Catalina, incluso los argumentos más lógicos caen en oídos sordos. ¿Qué hacer en situaciones así? ¿Debes quedarte quieto para tratar de no «agitar las aguas»? ¿O debes hacer más ruido aún, con la esperanza de causar un cambio no solo en tu situación, sino también en el mundo?

Catalina hizo lo segundo, por supuesto. El emperador supuso que su encarcelamiento y tortura le doblegarían el espíritu y le harían rechazar sus creencias. Cuando no fue así, Majencio hizo un último esfuerzo para «someterla» al proponerle matrimonio. Catalina respondió tranquilamente que estaba casada con Jesucristo y que su virginidad le pertenecía.

Esa fue la gota que derramó el vaso. Majencio ordenó que ejecutaran a Catalina en la rueda, una máquina terrible que causaba una muerte brutal y lenta, rompiendo los huesos de una persona. Sin embargo, cuando Catalina tocó la rueda, esta se hizo añicos milagrosamente. Debido a este evento, las ruedas de tortura también se conocen como «ruedas de Catalina».

En última instancia, este milagro tampoco salvó a Catalina. Frustrado una vez más, el emperador la mandó decapitar. Según una versión, los ángeles llevaron su cuerpo al monte Sinaí, donde más tarde se erigieron una iglesia y un monasterio en su nombre.

Además de destrozar la rueda, Catalina realizó otro milagro durante su martirio. Cuando la ejecutaron, no sangró, sino que un lechoso líquido blanco salió de su cuerpo. Después de su muerte y su entierro, sus huesos secretaron un aceite sagrado con propiedades curativas.

Santa Catalina es la santa patrona de los artesanos que trabajan con una rueda, como alfareros, carreteros, sombrereros, merceros, afiladores e hilanderos. También es la santa patrona de las solteras, de los apologistas, de los educadores, de los moribundos, de los archivistas, de los abogados, de los bibliotecarios, de las enfermeras, de los filósofos, de los predicadores, de los eruditos, de los escolares, de los taquígrafos y de los escribas.

En obras de arte, a menudo se le representa con una rueda de Catalina, lo cual es un poderoso recordatorio de lo que fue capaz de lograr con su fe.

Cuando te enfrentes a obstáculos y oponentes que se interpongan en tu camino, piensa en la valentía de santa Catalina al desafiar a un cruel destino. Piensa en la oposición a la que se enfrentó, una multitud de filósofos cortesanos y una gran población de paganos no creyentes. Sin embargo, se mantuvo firme y defendió lo que sabía que era lo correcto, infalible en su certeza de que Dios estaba de su lado.

Santa Catalina de Siena

¿Alguna vez has estado en una situación en la que solo había dos opciones aparentes, pero ninguna te gustaba? Quizá pensaste: ¡Esto no puede ser lo único que hay! Tal vez te inclinaste por una, pero después dudaste porque no era exactamente lo que querías hacer. Es posible que haya habido un «sí, pero» que te desanimó y te hizo rechazar esa opción.

Esa conocida situación fue exactamente a lo que se enfrentó santa Catalina de Siena. Para la mayoría de las mujeres de la Italia del siglo XIV, las opciones eran claras: casarse o volverse monja. Pero santa Catalina no era como la mayoría de las mujeres y eligió no hacer ninguna de las dos cosas. Más bien, dedicó su vida al servicio religioso al unirse a un servicio terciario dominicano local, que era una organización que le permitía servir a Dios sin dejar de vivir en su hogar. Santa Catalina llevó una vida excepcionalmente milagrosa, en la que experimentó estigmas (marcas o sensaciones que corresponden a las heridas de la crucifixión de Cristo) y visiones que comenzaron cuando tenía cinco años.

Catalina provenía de una familia numerosa: sus padres tuvieron 25 hijos. Era una niña alegre y tolerante, y tuvo que enfrentarse a los dramas diarios derivados de tener tantos hermanos. Por ejemplo, la hermana mayor, Bonaventura, murió cuando Catalina tenía solo dieciséis años y sus padres la presionaron para que se casara con el viudo de su hermana, ¡ay! La idea no atrajo a Catalina por un par de razones. Primero, porque había oído de su difunta hermana, que ese hombre era controlador e ingobernable. Y lo más importante, Catalina no había planeado casarse nunca, gracias a su fuerte devoción religiosa.

Quizá te sientas identificado con el dilema de Catalina. Piensa en un momento en que te hayan presionado para que hicieras algo que no querías hacer. Si este incidente involucró problemas familiares, entonces es probable que además hayas sentido culpa, obligación y confusión. Por supuesto, nadie debería esperar que alguien renuncie a sus convicciones más profundas solo para dar gusto a la familia.

En esta situación, Catalina amaba a sus padres y quería hacer lo correcto por el recuerdo de su difunta hermana. Al mismo tiempo, tenía creencias religiosas firmes y estrictas, y había dedicado su virginidad a Jesús. Sabía que la visión de sus padres para su vida era incompatible con el trabajo que esperaba hacer.

Este momento de prueba solo hizo que las creencias de Catalina se volvieran más fuertes. Se cortó el pelo en señal de protesta y comenzó una huelga de hambre. También perfeccionó una nueva técnica mental. Cada vez que peleaba con su familia, utilizaba una serie de ejercicios de visualización para calmar sus emociones y meditar en la creación de un resultado positivo. Como le explicó años más tarde a su compañero Raimundo de Capua: «Construye una celda dentro de tu mente, de la que nunca puedas huir».

En esa celda mental, imaginaba a su padre como Jesús, a su madre como la Santísima Virgen María y a sus hermanos como apóstoles. Esto le permitió tomar una muy necesaria distancia de la situación y fue capaz de mantenerse firme hasta que sus padres cedieron y dejaron de presionarla para que se casara.

Durante esa época, Catalina se unió a la tercera orden de Santo Domingo. Era un «trabajo diario», por así decirlo, pues Catalina podía regresar todas las noches a la casa de sus padres, donde vivía con su numerosa familia en un silencio y una soledad casi total.

Vivir en el hogar familiar proporcionó rutina y continuidad a Catalina. Tal vez fue la paz refulgente que disfrutó allí lo que le permitió tener otra gran visión. Cuando tenía 21 años, Catalina experimentó un intenso encuentro con Jesús. En esta visión, él le regaló un anillo hecho de su prepucio y ella lo aceptó. Su aceptación simboliza su «matrimonio místico» con Cristo. Esto reafirmó su virginidad y su búsqueda vitalicia de trabajo religioso.

La visión de Catalina marcó un punto de inflexión: al presentarle el anillo, Jesús le pidió a Catalina que se dedicara a servir a los pobres y a los enfermos. Con base en dicha solicitud, Catalina partió para viajar por toda Italia, promoviendo causas de reforma del clero, defensa religiosa e incluso activismo político.

Catalina ayunaba a menudo y su naturaleza era contemplativa y disciplinada. Estaba tan dedicada a la teología y a la doctrina, que fue nombrada doctora de la Iglesia. Catalina de Siena es la santa patrona de Italia y de toda Europa, de Estados Unidos, de las enfermeras, de las personas ridiculizadas por su piedad, de los enfermos y de aquellos en situación de tentación sexual. Se le considera una poderosa protectora contra el fuego, las dolencias corporales y la enfermedad.

Catalina era una mujer audaz que nunca tuvo miedo de expresarse. Proclamó la verdad dondequiera que fuera, ya sea en su casa ante su familia o en el mundo ante figuras políticas poderosas. Tenía «el don de las lágrimas», como lo describió el papa Benedicto XVI: «una sensibilidad exquisita y profunda, una capacidad de conmoverse y de sentir ternura». Esto la hizo observadora y considerada.

Si eres una persona emotiva o tiendes a llorar fácilmente, no te angusties. Tu conexión con tus emociones te hace empático y comprensivo, igual que santa Catalina. ¡Alimenta tu compasión por los demás!

Santa Catalina Tekakwitha

Catalina Tekakwitha fue la primera santa nativa americana, tuvo una vida piadosa e inspiradora en el ambiente conflictivo de la América del Norte del siglo XVII.

Como cristiana conversa, Catalina observó muchas de las costumbres austeras favorecidas por monjes, monjas y otras personas que se han esforzado por llevar una vida imitando a Cristo. Por ejemplo, buscó el sufrimiento voluntario, la meditación y la caridad. Hizo un voto de castidad, incluso cuando no había precedentes de que las mujeres de su comunidad permanecieran solteras en la edad adulta.

De hecho, entre el canon de los santos hay una distinción clave e impresionante acerca de Catalina. Debido al aislamiento de su comunidad y la sospecha justificable que albergaban hacia los extraños, a Catalina no se le enseñaron directamente muchas de las prácticas cristianas tradicionales que adoptó. Solo las tomó por pureza de espíritu y dulzura de corazón. Llevó una vida extremadamente cristiana por «instinto» o por guía divina.

Fue hija de una madre cristiana algonquina y de un jefe mohawk, Catalina quedó huérfana a los cuatro años, cuando una epidemia de viruela acabó con la vida de sus padres y su hermano. Catalina tenía muchas cicatrices y sufrió una pérdida de visión severa a causa de la enfermedad. Fue adoptada por su tío, quien se convirtió en el nuevo jefe mohawk después de la muerte de su padre.

Su tío desconfiaba de los «túnicas negras» (como se les llamaba a los misioneros jesuitas) y su aversión y desagrado por el cristianismo se convirtieron en un desafío a medida que la joven Catalina se interesaba más por su fe. Esa fue una de las muchas condiciones que limitaron la exposición formal de Catalina a las prácticas cristianas.

Lo único que Catalina conocía era la orgullosa y fuerte tradición de sus antepasados iroqueses y mohawk, que dictaba una vida llena de arduo trabajo, matrimonio y una creencia en la religión basada en el espíritu de sus tribus. Y, de hecho, Catalina prosperó como una joven adolescente en su sociedad. Adquirió grandes habilidades en los pasatiempos tribales tradicionales, como fabricar ropa con pieles de animales, tejer alfombrillas y cestas con hierbas, recoger frutas y preparar presas.

Pero, aunque reconocía la riqueza de su pasado, Catalina no pudo resistir su creciente afinidad por el cristianismo. Al principio, se acercó con disimulo hacia la conversión con pequeños actos de rebelión, como negarse a atender a cualquiera de los pretendientes que su familia había dispuesto para ella.

A los 19 años, Catalina dio el paso valiente y definitivo de ser bautizada. Adoptó el nombre de Catalina, por santa Catalina de Siena. Sorprendió a su familia y a su comunidad cuando anunció que nunca se casaría (al igual que su tocaya, Catalina sería «la novia de Jesucristo») y que no trabajaría los domingos.

Hubo una gran oposición local al despertar religioso de Catalina. Corrió la noticia de su conversión y ella sabía que debía huir por su propia seguridad. Se escabulló al amparo de la noche, siguiendo el consejo de un sacerdote y realizó un viaje de 300 kilómetros a pie hasta una aldea cristiana nativa americana en Canadá.

Para Catalina, su nuevo hogar canadiense fue como un refugio. Alimentó su fe entre la seguridad de una comunidad amorosa y de ideas afines. Fue durante esos años, cuando Catalina tenía entre 20 y 23 años, que la joven vivió una vida casi monástica.

No buscaba nada más que privarse de todas las comodidades, un impulso increíblemente audaz e inusual en una época llena de dolor y dificultades. Catalina estaba tan conmovida por el amor de Dios que ayunó de manera regular y participó en la mortificación de la carne (solía colocar espinas en su cama). Cuando Catalina sí comía, a menudo agregaba ingredientes poco apetecibles a sus alimentos para que no le resultaran placenteros.

¡Qué increíble disciplina! A pesar de que santa Catalina padecía el estrés mental y la angustia social ocasionados por la persecución religiosa, buscaba las incomodidades físicas del ayuno y las penitencias. El fuego de Cristo ardía dentro de Catalina y es difícil no dejarse inspirar por su apasionado ejemplo.

Por desgracia, sus penitencias y ayunos regulares debilitaron su salud y alrededor de la Pascua de 1680, santa Catalina murió, a la edad de 24 años.

Cuando murió, desaparecieron por completo las cicatrices de la viruela que habían desfigurado el rostro de Catalina, dejándola con una piel suave y una sonrisa radiante.

¿Alguna vez te has sentido como Catalina, condenado por tus creencias? Tal vez fuiste empujado a una situación en la que sentías que no encajabas. A veces, la vida nos coloca en momentos de «transición» en los que estamos llamados a hacer contribuciones positivas y a obtener un valioso conocimiento personal de un entorno o situación que no nos parece cómodo. ¡A veces esos momentos incómodos son la incubadora perfecta para los descubrimientos o avances que necesitamos!

Santa Catalina estaba íntimamente familiarizada con el sufrimiento, tanto por las privaciones y enfermedades incontroladas de su época, como por el austero estilo de vida que tan ansiosamente perseguía. Santa Catalina emanaba esa cualidad de satisfacción altamente cristiana por medio de la sumisión completa.

Es la santa patrona de la ecología, del medio ambiente, de las personas en el exilio, de las personas que han perdido a sus padres, de las personas ridiculizadas por su piedad y de los nativos americanos. El «Lirio de los mohawks» suele ser representado con su firma de lirios, tortugas y rosarios. Su vida sencilla de devoción inquebrantable a su fe, en un tiempo y lugar accidentado y remoto, sirve como un poderoso recordatorio de que Dios está en todas partes.

Santa Cecilia

¡La música es poderosa! Las mejores melodías son capaces de capturar y evocar un estado de ánimo. Piensa en las oleadas de emoción que te recorren cuando escuchas diferentes tipos de canciones. Quizá te sientas animado y feliz con una canción gracias a su alegre ritmo. Quizá otra te haga sentir melancólico y contemplativo, mientras un cantante talentoso te inspire a reflexionar sobre una verdad universal.

Nadie conocía el poder de las canciones mejor que santa Cecilia, quien vivió y fue martirizada en el siglo II d. C., en Roma. Su asociación con el canto y los instrumentos musicales comenzó después de que cantó en voz alta para glorificar a Dios en su propia boda. Sin embargo, no se trató de una interpretación ordinaria. Cecilia levantó la voz en señal de protesta: no quería casarse porque había jurado compromiso con la castidad religiosa.

Todos hemos vivido momentos en los que nos han empujado a actuar de una manera que va en contra de nuestras creencias. En el caso de Cecilia, no podía o no deseaba oponerse a las fuerzas y las presiones de su época. En ese entonces, se suponía que las jóvenes se casaran y no era aceptado oponerse a ese camino. Al igual que muchas de las mujeres fuertes que se consagraron a Dios en esa época, santa Cecilia sentía que era la «novia de Jesucristo», no de un noble pagano.

Cuando Cecilia cantó en su boda, lo hizo para honrar a Dios y recordarse a sí misma quién era. En su noche de bodas, cuando su marido, Valeriano, intentó consumar el matrimonio, Cecilia «cantó» una vez más, aunque esta vez cantó las alabanzas de su religión.

Le dijo a Valeriano que un ángel de Dios estaba con ellos en la habitación, cuidándola para proteger su virginidad. Cuando Valeriano expresó su escepticismo, Cecilia le informó que, si quería ver al ángel con sus propios ojos, debía ir al marcador de la tercera milla, en la Vía Apia, y ser bautizado por el papa Urbano I.

Como punto a favor de Valeriano, y como testimonio del poder de persuasión de Cecilia, hizo lo que le pidió. A su regreso, vio al ángel parado sobre Cecilia, colocándole una corona de rosas y lirios. Valeriano se volvió al cristianismo por el resto de su vida y también convirtió a su hermano Tiburcio.

Cecilia, Valeriano y Tiburcio fueron sentenciados a muerte por ser cristianos. El prefecto de la ciudad ordenó una muerte especialmente cruel para Cecilia: la encerró en su propio baño y trató de asfixiarla cerrando todas las ventanas y encendiendo el horno. Cecilia se mantuvo en calma durante varios días y volvió a cantar su alabanza al Señor durante esa terrible experiencia. Como resultado, su cuerpo no sufrió daño alguno por el calor, el vapor abrasador, ni las llamas.

Enfurecido, el prefecto envió a un verdugo para que la matara. A pesar de que la golpeó tres veces en el cuello con una espada, siguió viva durante unos días, en los cuales siguió ofreciendo su testamento religioso y consejos a los visitantes. Su muerte tardía también le permitió pedirle al papa que su casa se convirtiera en una iglesia.

Años más tarde, cuando trasladaron sus restos de una catacumba a la iglesia que había solicitado (Basílica de Santa Cecilia, en Trastévere) se descubrió que permanecían impecables. De hecho, parecía que la difunta santa Cecilia se encontraba durmiendo la siesta.

Santa Cecilia fue canonizada antes de que la Iglesia estableciera como requisito haber realizado milagros. Sin embargo, su increíble poder de convertir a las personas al cristianismo, junto con las circunstancias de su muerte, ciertamente contienen elementos milagrosos.

Santa Cecilia fue, sin duda, una mujer visionaria y una experta en el arte de persuadir. Aprovechó su silencioso valor y su pasión inspiradora para seguir siendo virgen, casada con un cristiano, por el resto de su vida.

¿Alguna vez has estado en una situación desfavorable para ti y has tratado de razonar para salir de ella? ¿Usaste el poder de la palabra y la lógica en favor de tu causa? Tal vez, al igual que santa Cecilia, hayas podido hacer que una persona cambiara por completo de opinión basándote en la simple verdad de tus argumentos. Mira su ejemplo cada vez que dudes del poder de un testimonio sincero.

Al haber utilizado el poder de la canción y su voz para difundir la palabra de Dios y el amor de Jesús, santa Cecilia es la santa patrona de la música, de los músicos y los poetas. En obras de arte, suele estar representada con instrumentos como la flauta, el órgano, el arpa o el violín. A menudo se le representa cantando o portando rosas. Gracias al papel crucial de la música en la Iglesia y al piadoso ejemplo sobre el que santa Cecilia basó su vida, es una de las santas mencionadas en el canon de la misa.

Santa Clara de Asís

Vivió y murió en los siglos XII y XIII, y en 1958, santa Clara fue designada la santa católica de la televisión. Promovió la idea de la transmisión, en sentido general, años antes de que existiera la tecnología que se tradujo en las televisiones que usamos hoy en día. ¿Cómo es posible?

Santa Clara de Asís no era una mujer común. Era una adelantada a su tiempo en muchos sentidos. Reconocida a través de los siglos como «realizadora de milagros», esta santa italiana contribuyó con muchas ideas revolucionarias para la práctica del cristianismo, en particular las que se relacionan con la vida monástica franciscana.

Clara fue hija de unos condes acaudalados en Asís y desde temprana edad demostró devoción a Cristo. Realizó numerosas peregrinaciones a Roma, Santiago de Compostela y Tierra Santa.

A los 18 años, Clara escuchó predicar a su colega contemporáneo y compañero Francisco de Asís. Sintió el impulso de pedirle orientación sobre cómo vivir de acuerdo con lo que él predicaba. Esto dio origen a una amistad de por vida y a una asociación espiritual entre ambos. Más tarde, ese mismo año, Clara viajó a la capilla de Porciúncula para encontrarse con Francisco.

En Porciúncula, Clara fortaleció su compromiso con la vida ascética al cortarse el pelo y ponerse la sencilla túnica y el velo del monasterio. Francisco aconsejó a Clara que se uniera al convento benedictino de San Paulo, pero en ese momento, los padres de Clara estaban preocupados porque su hija de 18 años se había ido de su hogar de manera abrupta. El padre de Clara le exigió que regresara, pero ella se aferró con fuerza al altar en señal de protesta y le mostró su cabeza rapada para demostrarle su seriedad sobre la adopción de un estilo de vida religioso.

Otros se conmovieron por la fuerza del compromiso de Clara. Su hermana Catarina la siguió a un nuevo convento de monjas en un lugar más remoto, en Subasio, donde adoptó el nombre de Agnes. Se unieron algunas mujeres más y el grupo se dio a conocer como las Damas Pobres de San Damián o las Clarisas Pobres.

Santa Clara y las Damas Pobres hicieron el voto más estricto de pobreza, evitando la idea de mantener posesiones. Unidas en sus votos de sencillez, pobreza, austeridad y reclusión, las Clarisas demostraron su religiosidad caminando descalzas, durmiendo en el suelo, absteniéndose de comer carne y observando un silencio casi absoluto. Cuando el papa Gregorio IX les ofreció una dispensa especial de su voto de pobreza por razones prácticas, Clara se negó y declaró: «Necesito ser absuelta de mis pecados, pero no de la obligación de seguir a Cristo».

Clara era humilde, pensativa y siempre protectora. Solía levantarse en medio de la noche y atender a sus hermanas que se habían destapado mientras dormían. En un momento ampliamente conmemorado, santa Clara protegió su convento de una banda de mercenarios sarracenos al levantar una santa custodia (una vasija sagrada utilizada en el servicio a la Iglesia) como si fuera un escudo y rezar sobre ella. Esto causó que los invasores huyeran.

Entre los muchos milagros que se atribuyen a santa Clara, varios ocurrieron durante su vida. El primero fue en 1240, cuando protegió su convento al mantener a raya a los atacantes empuñando su custodia. Varios años más tarde volvió a proteger al convento del asedio, cuando las tropas de Vitalis d'Aversa intentaron atravesar las puertas de Asís. Una vez más, santa Clara conmovió a otros con su fe en Dios y su profunda devoción a la Eucaristía, y la ciudad quedó ilesa.

Otro milagro ocurrió cuando santa Clara yacía en su lecho de muerte. La víspera de Navidad, el año antes de su muerte, Clara tenía 58 años y anhelaba asistir a misa en la Basílica de San Francisco. Pero debido a su debilidad y su discapacidad, no podía salir de su habitación. A pesar de que se encontraba a más de un kilómetro de distancia de la basílica, Clara vio la misa proyectada en la pared de su habitación con tanto detalle que fue capaz de nombrar a los frailes que habían estado presentes.

Esta primera analogía de la televisión (la idea de imágenes proyectadas desde un punto remoto que llegan al mundo a través de la fuerza de su señal) es la metáfora inspiradora que mejor describe el alcance y el impacto de la vida de fiel servicio cristiano de Santa Clara.

La fuerza de la pasión de Clara es en efecto impresionante. ¿Puedes pensar en una ocasión en la que te hayan ofrecido riquezas o comodidades, y aun así te negaste? Quizá no sea una situación con la que muchos podamos identificarnos. A fin de cuentas, no todos estamos llamados a tomar el voto de pobreza total, o a llevar una vida austera de reflexión silenciosa. Santa Clara merece nuestro respeto y comprensión por sus acciones, y que tomemos inspiración de la disciplina y la visión que siempre mostró.

Gracias a su compromiso de por vida de proteger a los demás, santa Clara es la santa patrona de los orfebres, de quienes padecen enfermedades oculares, de los bordadores, de los doradores, de los costureros y de santa Clara Pueblo. También se le asocia con la lavandería, la televisión y el buen clima. En obras de arte, santa Clara suele ser representada con la custodia que usó para proteger su convento, o con su píxide, lámpara o hábito de las Clarisas Pobres.

San Cristóbal de Licia

En cada etapa de la vida reconocemos diferentes héroes, mentores e ídolos. Cuando somos niños, quizá idolatramos a alguien de nuestra familia, como un padre o un hermano mayor. A medida que crecemos, esos ídolos pueden cambiar para coincidir con nuestro punto de vista de lo que es «genial». Podemos comenzar a admirar a un músico, un astronauta, una celebridad o una estrella del deporte. Como adultos, cuando elegimos nuestro propio camino y avanzamos hacia nuestro llamado, nuestros héroes e ídolos pueden convertirse en una especie de mentores y guías.

¿Alguna vez te ha sorprendido un héroe? Tal vez hubo un momento en el que tu ídolo mostró debilidad y te recordó que es capaz de fracasar. Quizá tu mentor se metió en aprietos y te diste cuenta de que todos tienen problemas. A veces, lo más impactante y difícil de aceptar de nuestros héroes es que son solo humanos.

La conversión de san Cristóbal al cristianismo fue desencadenada por un poderoso momento en el que comprendió las limitaciones de los reyes terrenales en comparación con Cristo, el «rey de reyes».

Originalmente conocido como Reprobus, el hombre que se convirtió en san Cristóbal era alto y de aspecto severo. Según un relato popular, medía más de dos metros ¡y nunca sonreía! Era sirviente del rey cananeo e idolatraba a su monarca y disfrutaba de su trabajo, pero no podía evitar imaginar que existía algo más grande.

Un día, Reprobus se impacientó y partió de su acogedor puesto en busca del «rey más grande que existía». La primera parada de su búsqueda fue en la corte de un rey rival, del cual Reprobus había oído que era más poderoso que el rey de Canaán. Al principio parecía que era cierto. Pero un día, cuando se pronunció el nombre del diablo, este rey se santiguó con miedo. Ese episodio hizo que Reprobus viera que, aunque este hombre era más poderoso que el rey de Canaán, había algo todavía más poderoso que ambos.

Reprobus partió de nuevo y se encontró con el líder de una banda de criminales que respondió ante el nombre del diablo. Sin embargo, Reprobus se consternó al ver que incluso el «diablo» no era intrépido; un día, el líder vio una cruz en la carretera ¡y se tomó grandes molestias para evitarla!

Finalmente, Reprobus estaba empezando a entender. Cristo era lo único más poderoso que los reyes ungidos y los merodeadores sin ley. Entonces, Reprobus buscó a un ermitaño cristiano para que lo aconsejara. El ermitaño le explicó que, para agradar a Cristo, Reprobus podía comenzar una vida de ayuno y oración o tomar un trabajo que ayudara a otros. Reprobus no deseaba ayunar (¡era un hombre grande y hambriento!), pero le intrigaba la idea de una vida de servicio. Fue a un peligroso cruce del río y comenzó a usar su gran fuerza para cargar a la gente y llevarla del otro lado.

Un día, mientras realizaba dicho trabajo, pidieron a Reprobus que cruzara a un niño al otro lado del río. «No hay problema», pensó. ¡Esa tarea no era difícil para un hombre del tamaño de Reprobus! Pero, en cuanto Reprobus cargó al niño sobre su espalda, la marea subió y el niño le parecía cada vez más y más pesado. Reprobus hizo un gran esfuerzo y apenas sobrevivió en el viaje.

Una vez en la orilla opuesta, Reprobus exigió respuestas. ¿Qué había pasado? El niño anunció que él era Cristo. Cuando Reprobus cargó al niño para llevarlo al otro lado, sintió el peso de los problemas del mundo y sus pecadores. El niño aseguró a Reprobus que su trabajo había sido noble, útil y agradable a Cristo. Y, sin más, el niño desapareció. Este episodio convirtió a Reprobus en Cristóbal, un nombre que significa «portador de Cristo».

El conocimiento sobre la vida de san Cristóbal es incompleto y su historia difiere en algunas tradiciones. Sabemos que cae en la categoría santa de mártires cristianos. Cuando Cristóbal viajó a Licia, en una época de generalizada persecución cristiana, fue llevado ante el rey pagano local y llamado a hacer un sacrificio a los dioses paganos (esta era una forma común de «prueba» pública para demostrar lealtad a los ideales paganos).

Cristóbal no solo se negó a renunciar a sus creencias, sino que convirtió al cristianismo a dos espectadores basándose en la fuerza de sus llamamientos. El rey estaba enfurecido, por supuesto, y ordenó que ejecutaran a Cristóbal. Gracias a la altura, la fuerza y la sólida fe de Cristóbal fallaron varios intentos de ejecución.

De hecho, durante la hora de su ejecución, Cristóbal realizó varios milagros, incluyendo hacer que una rama muerta floreciera y multiplicó panes. Estos milagros de la undécima hora causaron que muchos espectadores más se convirtieran al cristianismo. Finalmente, Cristóbal fue martirizado, y terminó así la vida terrenal de un hombre que se convertiría en un santo extremadamente popular.

Aunque Cristóbal no aparece en el canon oficial de los santos, es ampliamente conocido como patrón de los viajeros. También es santo patrón de los solteros y los jardineros, y protector contra las tormentas, la epilepsia y el dolor de dientes. En las obras de arte se le representa como un hombre gigante con un niño pequeño (Cristo) al hombro.

La historia de la conversión de Cristóbal nos ayuda a ver que las frustraciones y los obstáculos de nuestra vida pueden ser momentos de comprensión y gran claridad. La próxima vez que emprendas una tarea que al principio parezca simple, pero a medio camino se vuelva más complicada, piensa en Cristóbal llevando a Cristo al otro lado del río y emergiendo con renovado propósito y confianza en su misión. Del mismo modo, a veces lo que creemos que es una prueba o un revés puede convertirse en una valiosa lección, o en un punto de inflexión, o en un momento que fortalece nuestra fe y el desarrollo religioso a largo plazo.

Santa Dimpna de Irlanda

Todos hemos chocado con uno de nuestros padres; lo cual quizá sea uno de los conflictos que genera más estrés. Esperamos que nuestros padres tengan en mente nuestro bienestar, pero solo son humanos. Algunas veces están atribulados por enfermedad o confusión, o tal vez están siendo mal aconsejados. ¿Qué hacemos ante tal situación? ¿Cómo encontramos la fuerza para «no armar un problema» y hacer lo mejor no solo para nosotros, sino para ellos también?

Como virgen y mártir adolescente, santa Dimpna experimentó muchas dificultades durante su breve, pero agitada vida. Sus acciones proporcionan un poderoso patrón para tener un comportamiento ejemplar durante los momentos más desafiantes. Cuando nuestras vidas parecen estar más locas y fuera de control, más necesitamos ejercitar la moderación y mostrar nuestra fe en Dios.

Durante toda la vida de Dimpna, la gente comentaba lo mucho que se parecía a su madre: eran como el reflejo de un espejo, tanto sus bellos rostros como sus fuertes creencias cristianas. Su padre era un rey pagano y ella tuvo una infancia feliz en la Irlanda del siglo VII. Pero cuando Dimpna tenía solo catorce años, la gran similitud entre madre e hija pasó de ser un gusto a una carga. Pues ese año, la madre de Dimpna murió de manera inesperada y la salud mental de su padre sufrió un brusco declive debido a su dolor.

Angustiado y solitario, el padre de Dimpna, Damon, buscó una segunda esposa. Infortunadamente, mantuvo a su difunta esposa como ideal inalcanzable y juró que su nueva esposa debería ser igual de bella y pura. Después de que una exhaustiva búsqueda por todo el reino resultó infructuosa, Damon puso su mirada en su propio hogar y se volvió hacia su hija con pensamientos indecentes. En su delirante confusión, Damon decidió que Dimpna reunía todos los rasgos maravillosos de su difunta esposa, desde su dulce corazón hasta su hermoso (y casi idéntico) rostro.

Por supuesto, este hecho fue angustiante para Dimpna. Antes de la muerte de su madre, la adolescente se había consagrado a Cristo y había hecho un voto de castidad, por lo que, en primer lugar, no estaba interesada en el matrimonio. Lo peor de todo era que su padre, quien se suponía que debía protegerla, ahora estaba persiguiéndola activamente. Así que Dimpna huyó de la corte con su confesor, el padre Gereberto, dos fieles sirvientes y el bufón del rey. Se refugiaron cerca de un santuario dedicado a san Martín de Tours, en una ciudad llamada Gheel, en una región que corresponde a la actual Bélgica.

En Gheel, Dimpna se dedicó a ayudar a los pobres y a los enfermos. Usó parte del dinero que se había llevado de su casa para construir un hospicio. Por desgracia, las monedas que usó le permitieron a su padre rastrear su paradero y envió a sus hombres a buscarla.

Cuando Damon y sus hombres encontraron a Dimpna y su grupo, él trató de convencer a su hija de que regresara a Irlanda. En la escaramuza resultante, Damon asesinó al padre Gereberto.

Con el confesor de Dimpna ahora muerto, Damon suplicó una vez más a su hija que regresara a casa con él como esposa. Le prometió seguridad, prestigio y dinero, cosas que no influían sobre su hija cristiana de corazón puro.

Dimpna dijo con valentía que prefería morir antes que romper el voto de castidad que le había hecho a Dios. Con una rabia incontrolable ante su completo rechazo, Damon desenvainó su espada y decapitó a su hija.

A pesar de su sufrimiento terrenal, Dimpna es ejemplo de la verdadera fe y la fuerza de carácter. Tristemente, en su caso, la frase «toda buena acción merece su recompensa» no es aplicable, ya que fue su limosna lo que condujo a su padre hacia ella y, finalmente, le causó la muerte a la edad de quince años.

Dimpna es la santa patrona de los fugitivos y de las víctimas de incesto. Es reconocida por muchos milagros relacionados con la curación de los enfermos crónicos y por aliviar el sufrimiento de aquellos afectados por desórdenes mentales, emocionales y nerviosos. Gheel, la ciudad donde murió santa Dimpna, es donde yacen sus restos y se erigió una iglesia que lleva su nombre. También es un popular sitio de peregrinación para aquellos que padecen angustia. De acuerdo con los estudiosos bolandistas (los que estudian a los santos), santa Dimpna ha intercedido milagrosamente en nombre de muchos enfermos mentales o de personas recluidas en instituciones mentales, lo que le valió el apodo de «realizadora de milagros».

En el arte, Dimpna es representada con una corona, una espada, un lirio y una lámpara, objetos que refuerzan su pureza, su fuerte moralidad y la clara dirección que siempre tuvo para sí misma. Si te sientes presionado, déjate guiar por la gracia que mostró santa Dimpna, ¡incluso cuando enfrentó sus mayores dificultades!

Santa Faustina Kowalska

¿Cuál es tu pintura favorita? ¿Y tu imagen religiosa favorita? La bella iconografía de las iglesias, los santuarios y otros lugares sagrados nos ofrece vívidos recordatorios del poder del amor de Dios.

Si te ha conmovido una imagen particularmente llamativa de Jesús, es posible que te apasione la historia de la virgen mística santa Faustina Kowalska, también conocida como la «Apóstol de la Divina Misericordia». Su vida a principios del siglo xx en Polonia no fue fácil, ya que vivió en la pobreza y padeció una enfermedad crónica. Se sintió atraída a registrar, y compartir, su específica y poderosa visión de la Divina Misericordia de Jesús, a pesar de que continuamente se encontró ante el escepticismo de los demás. Escribió extensamente sobre el tema y su diario escrito a mano se convirtió en un devocional publicado de 700 páginas titulado *El diario de santa María Faustina Kowalska: la Divina Misericordia en su alma.*

Faustina experimentó su primera visión divina, de Jesús sufriente, a la edad de 19 años. Este episodio dio inicio a la serie de eventos que llevaron a Faustina a abandonar su ciudad natal y su vida familiar en busca de un convento. Durante el camino se encontró con muchos obstáculos debido a su pobreza y la falta de relaciones familiares, pero Faustina persistió. Cuando le ofrecieron la posibilidad de unirse a un convento si pagaba su hábito, Faustina trabajó como empleada doméstica para recaudar el dinero necesario.

Con el paso de los años, Faustina tuvo muchas visiones de Jesús y compartió con sus maestros el contenido de dichas apariciones. Sin embargo, no siempre la apoyaron: el mentor de Faustina, el padre Michael Sopoćko, ordenó que se le sometiera a una evaluación sicológica completa cuando ella le contó sobre sus conversaciones con Jesús (se consideró que Faustina estaba en sano juicio).

En una de las conversaciones de Faustina con Jesús supo que había sido llamada a difundir la imagen de la Divina Misericordia a todo el mundo. Según su diario, Jesús le dijo: «Prometo que el alma que venere esta imagen no perecerá. También prometo victoria sobre los enemigos que ya están aquí en la Tierra, especialmente a la hora de la muerte. Yo mismo lo defenderé como mi propia gloria».

Al escuchar esta instrucción, Faustina tuvo clara su dirección divina. De inmediato trató de pintar la imagen de la Divina Misericordia que se le apareció tan vívidamente en sus visiones, y que fue descrita por el mismo Jesús. Se vio incapaz de hacer justicia al trabajo, ya que no tenía formación artística. Por esta razón, santa Faustina le encargó a Eugenio Kazimirowski que pintara la imagen que ahora se conoce en todo el mundo: Jesús, vestido de blanco, con la mano derecha levantada en bendición y la mano izquierda apuntando hacia abajo. De la mano izquierda de Jesús salen dos rayos: un rayo rojo (por la sangre de Cristo) y un rayo blanco (por el agua, que justifica las almas). En la parte inferior se lee la inscripción que Faustina incluyó, según las instrucciones recibidas: JESÚS EN TI CONFÍO.

Santa Faustina Kowalska

Al igual que muchas mujeres jóvenes y castas de la Iglesia que fueron bendecidas con episodios místicos durante su vida, Faustina también tuvo detractores contemporáneos. Algunos expresaron abiertamente sus dudas sobre la conexión profunda y divina de Faustina con Jesús. Aunque Faustina se sintió llamada a difundir la imagen de la Divina Misericordia y a ser la fundadora de una nueva congregación religiosa contemplativa asociada con la idea, sus visiones se encontraron con objeciones de todos los superiores de su orden.

Cuando su misión de fundar la congregación de la Divina Misericordia llegó a su último obstáculo, Jesús le dijo a santa Faustina: «Hija mía, haz lo que esté en tu poder para difundir la devoción a Mi Divina Misericordia. Yo compensaré lo que te falte».

Santa Faustina soportó muchos años de padecimiento físico debido a su mala salud, antes de que la tuberculosis finalmente le arrebatara la vida.

¿Estás realizando una tarea complicada en un momento difícil? A veces, estamos llamados a hacer un trabajo importante, pero en un entorno donde nuestro esfuerzo no será apreciado de inmediato. Es posible que hayas trabajado incansablemente para alcanzar un objetivo, solo para tener que abandonar tu misión debido a factores externos. Siempre recuerda que, cuando tus intenciones sean verdaderas, pero no puedas completar tus objetivos, ¡Jesús está listo para ayudar a «compensar lo que te falte»!

Recuerda que no estás solo. ¡Estás en la noble compañía de Faustina, la patrona de la misericordia y de su ciudad natal de Lodz, y de todos los «santos que sufren», que también recorrieron un camino difícil! Su incomodidad temporal en la tierra nunca podrá compararse con el éxtasis que sintieron en la oración, sin mencionar la gloria que recibieron al reunirse con Dios.

Si estás luchando en tu fe y estás ansioso por bañarte en el reconfortante resplandor de la luz de Dios, las imágenes y las escrituras de «La Divina Misericordia» de santa Faustina pueden servir como un poderoso recordatorio. Disfruta la pintura de Jesús que ella encargó y aquellas que ella inspiró. Confía en el sentimiento simple expresado en la parte inferior de todas las representaciones de la Divina Misericordia de santa Faustina: *¡Jesús, en ti confío!*

Santa Filomena

¿Quién es tu vocero? Las personas famosas tienen publicistas que se ganan la vida compartiendo el buen trabajo de sus clientes. Los políticos tienen un secretario de prensa que maneja cuidadosamente las noticias. ¡Es muy importante tener un defensor que hable de manera abierta sobre tus buenas obras y aclare las cosas!

Los santos también necesitan voceros. El proceso de nominación, beatificación y canonización es largo y complicado. ¡Y la mayoría de los santos comparten el común denominador de haber sido humildes, trabajadores y reacios a atraer la atención sobre ellos mismos!

Santa Filomena fue una joven virgen consagrada cuya biografía es incierta. Aunque nació alrededor del siglo III en Corfú, Grecia, sus restos fueron descubiertos por accidente varios siglos más tarde, en 1802. La excavación de su tumba estimuló una revisión de la vida de santa Filomena.

Es maravilloso cuando tenemos la oportunidad de dar un «segundo vistazo» a algo que merece nuestra atención. La bendición del redescubrimiento coincidió con la vida de una monja italiana del siglo XIX que tomó el estandarte de Filomena.

La historia de santa Filomena no puede desvincularse de la historia de la hermana María Luisa di Gesù. Sor María Luisa era una terciaria dominicana de Nápoles que aseguró haber recibido la visita del espíritu de santa Filomena. Su inspiración de compartir con el mundo la historia de Filomena se tradujo en que esta virgen y mártir fuera reconocida como santa.

Según el relato de la hermana María Luisa, santa Filomena fue una princesa griega nacida en una familia pagana, pero se convirtió al cristianismo junto con su madre. A los trece años, Filomena tomó un voto de virginidad consagrada. Esto no resultó tan bien: el emperador Diocleciano, que era abiertamente anticristiano, amenazó con declarar la guerra si Filomena y su madre no abandonaban sus creencias cristianas.

Filomena y sus padres viajaron para visitar al emperador Diocleciano y ver si podían transmitirle en persona el amor de Dios. Pero Diocleciano se enamoró a primera vista de santa Filomena y le exigió que se casara con él. Ella se negó, por supuesto, y el cruel emperador la sometió a una serie de torturas cada vez más terribles, que incluían azotes, atarla a un ancla y arrojarla al río, dispararle con flechas y finalmente decapitarla.

En todas, excepto en la tortura final, los ángeles intervinieron para evitar que santa Filomena experimentara el dolor y el trauma de su suerte. Cuando Filomena fue decapitada, era viernes a las 3 de la tarde, el mismo día y hora de la muerte de Jesús.

La historia resumida de la vida de santa Filomena es similar a la de muchas otras mártires vírgenes. Filomena estaba segura de su devoción a Dios, pero vivió en un tiempo en el que se suponía que debía renunciar a esa fe o esconderla del público. No hizo ninguna de las dos cosas y enfrentó otros desafíos para preservar su voto de virginidad.

Siglos después de la muerte de santa Filomena y la época de la hermana María Luisa —la mujer que compartió su historia con el mundo— la canonización de Filomena fue cuestionada. Si bien, la falta de pruebas contundentes llevó a la Santa Sede a eliminar su nombre de los calendarios locales oficiales, ese hecho no disminuye el poder de su historia ni su posición como santa.

Hermosa, joven y pura, santa Filomena suele ser representada llevando su palma de martirio o llevando una corona de flores. Con frecuencia se muestra con una túnica naranja o blanca; a veces con flechas, atada a un ancla o con la garganta parcialmente abierta.

Santa Filomena sufrió en silencio en vida y casi permanece en silencio después de su muerte. Es la santa patrona de los bebés, los niños y los jóvenes; de los sacerdotes; de las causas perdidas; de las vírgenes; y de los estériles.

¿Tienes un problema con el que sientes que nadie puede ayudarte o ni siquiera escucharte correctamente, como la devota Filomena cuando apelaba al emperador pagano? ¿Alguna vez has luchado una batalla cuesta arriba para convencer a la gente de algo, con poca evidencia para que te ayudaran en tu empresa, como la hermana María Luisa? A veces parece que estás volviéndote loco cuando insistes en algún hecho, ¡y todo el tiempo las personas te miran como si tuvieras dos cabezas!

La vida, y no solo la vida espiritual, está llena de momentos en los que nosotros mismos tenemos que «volver a llenar» nuestra fe. Puedes enfrentarte a dudas y críticas, pero no dejes que esas palabras negativas te impidan realizar el trabajo que en el fondo de tu corazón sabes que debes hacer.

San Florián de Lorch

Fuego. Ha entrado a nuestro lenguaje y a nuestra imaginación simbólica como signo de destrucción y de fe.

Por ejemplo, piensa en una «llamarada» que hayas intentado combatir. Quizá fuera literal, pero lo más probable es que haya sido en sentido figurado, es decir, como un problema masivo y generalizado que fue complicado controlar o extinguir. Piensa en cómo esa llamarada se ha extendido a diferentes áreas de tu vida, y ha afectado tu capacidad para llevar la existencia feliz y tranquila que todos buscamos.

Un hombre santo que sabía sobre el fuego —y el fuego de la fe, con todos sus conflictos y complicaciones— fue san Florián. Nació en Cetiumin (en la actual Austria), un territorio de Roma, en el año 250 d. C.; Florián rápidamente exhibió la disciplina y las habilidades de liderazgo ideales para una carrera militar.

Después de alistarse, Florián ascendió al nivel de comandante del ejército imperial de Nórico (una provincia romana). Esta posición vino con un elemento político. Florián se encargaba no solo de realizar operaciones militares, sino también de imponer las reglas y creencias del emperador romano a nivel local. En los años que siguieron, la tensión entre sus creencias religiosas y las órdenes del emperador desencadenaron la secuencia de acontecimientos que condujeron al martirio de Florián.

Aparte de sus deberes del ejército, Florián también era líder de las brigadas locales. Entrenaba a sus compañeros soldados en el arte de la extinción de incendios. Determinó que los soldados eran perfectos para desempeñar este papel gracias a su gran capacidad física, habilidad táctica y disciplina extrema.

San Florián era un hombre profundamente religioso, seguro de sus convicciones cristianas. Pero vivió durante una era de persecución cristiana generalizada y este hecho causó un gran problema debido al alto rango militar de Florián. De acuerdo con el Edicto de Diocleciano de 303, los cristianos no tenían derechos legales en Roma y se les ordenó que cumplieran con las prácticas religiosas romanas tradicionales. Como cuestión de rutina, los líderes políticos romanos «probaban» la lealtad de sus súbditos a las tradiciones paganas romanas, exigiendo sacrificios en ese momento y otros ritos no cristianos.

Como oficial militar, a Florián se le encomendó hacer cumplir en su jurisdicción local la práctica de la religión romana sobre el cristianismo. Sin embargo, no obedeció. Cuando el gobernador, Aquilino, se presentó para investigar el incumplimiento, vio el nivel de compromiso de Florián y lo sentenció a ser quemado en la hoguera.

A pesar de su amplia experiencia de primera mano con el terror causado por el fuego, Florián miró la pira en la que iba a morir y audazmente proclamó, gracias a la profundidad de su compromiso con Cristo: «¡Subiré al cielo sobre las llamas!».

Los hombres de Aquilino no sabían si creer lo que habían escuchado, sin embargo, la proclamación de Florián los asustó. Decidieron torturarlo y luego atarle una piedra de molino al cuello y ahogarlo en el cercano río Enns. Después de que su cuerpo fue enterrado en un monasterio agustino, una mujer llamada Valeria experimentó una visión de Florián en la que le pidió que trasladaran sus restos a otro lugar.

Entre los milagros atribuidos a san Florián, quizá el más conocido es un episodio en el que extinguió un gran incendio con tan solo un pequeño balde de agua. ¡Qué imagen y ejemplo tan poderosos! Este hombre nunca renunció a su intensa fe, a pesar del «infierno» al que diariamente se enfrentó como un cristiano que vivió en un tiempo en el que los cristianos eran perseguidos.

Aunque sintamos que nos enfrentamos a una batalla cuesta arriba, como si estuviéramos tratando de apagar un gran incendio con unas cuantas gotas de agua, siempre hay razones para mantener la fe. Porque a través de Dios, podemos vencer incluso los peores obstáculos cuando ponemos primero nuestra fe y actuamos de acuerdo con nuestro corazón cristiano.

San Florián es extremadamente popular en Europa Central y es el santo patrón de Cracovia, Polonia, y de Linz, Austria. También es el patrón de los deshollinadores, de los bomberos y de los fabricantes de jabón. A menudo su imagen se ve en las estaciones de bomberos y la palabra *Florián* es el alias de las estaciones de bomberos y camiones de bomberos en Alemania y Austria. En muchas regiones de Baviera y Austria, las familias nombran a un niño Florián para protegerse contra los incendios domésticos.

San Florián suele ser representado en vidrieras, en manuscritos iluminados y en esculturas y estatuas de relieve arquitectónico. En sus muchas representaciones se muestra a san Florián llevando una lanza (debido a su conexión militar), junto a un balde (por el poder del agua contra el fuego y sus milagros) y con una piedra de molino (como recordatorio del último método de ejecución que sus torturadores tuvieron que emplear después de que se demostró que no tenía miedo ante un incendio).

San Francisco de Asís

¿Alguna vez te pidieron que hicieras algo, pero te sentiste demasiado asustado como para hacerlo de inmediato? A veces, necesitamos tiempo y un poco de perspectiva para estar a la altura de las circunstancias. Eso fue lo que le sucedió a san Francisco de Asís, el fundador de la orden franciscana.

Casi 800 años después de su muerte, san Francisco sigue siendo una de las figuras religiosas más importantes de la historia. Pero cuando Francisco era un joven que intentaba dar rumbo a su educación y a su carrera, ciertamente no se sentía así. Conforme crecía, solo sentía una extrema confusión y un conflicto interno. Quizá haya cometido los errores que van de la mano con la juventud, pero cuando llegó el momento, reunió fortaleza interior y abrazó a Dios con un compromiso total.

El hombre que más tarde se convirtió en san Francisco de Asís fue originalmente llamado Giovanni di Bernardone. Sus padres eran italianos ricos y su padre, Pietro, era un comerciante ambulante de seda de gran éxito. Pietro viajaba con tanta frecuencia que, de hecho, estaba fuera del país cuando nació San Francisco.

Al regresar del extranjero, Pietro supo que su nuevo hijo había sido bautizado como Giovanni, por san Juan Bautista. ¡Pietro estaba furioso! No le gustaba esa conexión religiosa, por lo que eligió llamar al nuevo bebé, Francesco, o Francis, para abreviar. El nombre, que significa «el francés», era un reflejo del amor de Pietro por los viajes y la importancia que le daba a obtener éxito comercial en todo el mundo. A los ojos de Pietro, ganar dinero era mucho más importante que mostrar devoción.

Durante su infancia y su adolescencia, Francis continuó bajo la influencia de sus padres y sus creencias. Disfrutó de una educación rica y bebió, festejó y se desveló cuando era adolescente. Tenía la reputación de ser un joven encantador, agradable y un poco temerario. Más tarde, sirvió en el ejército, como solían hacer los hombres de su posición.

En sus viajes por el mundo como soldado, Francis estuvo expuesto a nuevas ideas que lo intrigaron. Al principio, le atrajo convertirse en caballero porque la vida de un héroe de guerra parecía glamorosa. Mientras viajaba con las fuerzas armadas, Francis se encontró con muchas situaciones desconocidas que lo forzaron a confrontar sus creencias.

La culminación de estas experiencias se dio cuando el enemigo lo capturó y lo forzó a servir como prisionero de guerra. ¡Qué terrible situación! Era un joven mimado cuya vida de ninguna manera lo había preparado para los verdaderos horrores de la guerra. No fue sino hasta después de un año de prisión —así como del pago de una cuantiosa cuota de rescate por parte de los padres de Francis— que por fin fue liberado.

Físicamente, la transformación de Francisco resultaba evidente. El largo encarcelamiento había debilitado su cuerpo de manera drástica. ¿Y en cuanto a su transformación espiritual? Bueno, Francis regresó de esa celda subterránea cambiado para siempre.

Francis emergió con una nueva motivación para consagrar su vida al trabajo que realmente le importaba. Se dedicó de todo corazón a la oración, a la reflexión y a los enfermos y los pobres. Invirtió su tiempo y su energía en ayudar a grupos como los leprosos, que los demás solían ignorar o maltratar.

El cambio aparentemente repentino de soldado a devoto religioso sorprendió a los padres de Francis. Su padre esperaba que se hiciera cargo del negocio familiar de la seda, pero este nuevo interés en la religión chocaba con esa esperanza. La gota que derramó el vaso en la creciente tensión con sus padres se dio después de que Francisco tuviera una visión mística de Jesucristo. El ícono de Cristo Crucificado le habló directamente a Francisco y lo instó a «arreglar mi Iglesia».

Obviamente, Francisco asumió que al decir «Iglesia», Jesús se refería a un edificio físico. Así que de inmediato tomó dinero de su padre y lo donó a la iglesia local, que en verdad se encontraba en mal estado físico. Pietro, sin embargo, estaba furioso. Arrastró a su hijo a la corte, donde el obispo de Asís le ordenó a Francis que devolviera el dinero a su padre. Como respuesta, Francisco renunció a su herencia, y por lo tanto a su familia, y decidió vivir como un mendigo sin posesiones.

Se inspiró en un sermón que había escuchado recientemente, citando a Mateo 10:9, donde Jesús insta a sus seguidores a ir y decirles a otros que el Reino de los Cielos estaba cerca de ellos, y que los seguidores no deberían llevar nada de valor para el viaje. Nada de dinero, ni joyas, ¡ni siquiera un bastón ni zapatos!

A través de años de viaje y enseñanza, san Francisco inspiró a muchos con su humildad, su aceptación al sufrimiento y su generosidad hacia los demás. Consideraba que todas las personas eran sus «hermanos» y se le atribuyen muchos milagros. Pasó mucho tiempo cerca de personas con enfermedades terminales y se sabe que sanaba a los leprosos, a las personas que padecían malaria y a los que sufrían enfermedades muy contagiosas como meningitis.

La compasión que san Francisco mostró toda su vida por los indefensos y los vulnerables se alinea con su amor por los animales y su conexión con la naturaleza. Enseñó que los humanos no debemos dañar a los animales y que debemos intervenir y ayudarlos siempre que sea posible. Se sabía que se sentía cómodo con todo tipo de animales. Hay una historia de él predicando a una parvada, la cual lo escuchó pacíficamente, y otra historia en la que domesticó a un lobo feroz que había atacado a humanos y animales.

San Francisco es el santo patrón de Italia, de los animales, del medio ambiente, de los mercaderes de seda y de la ciudad de San Francisco, California. Puedes recurrir a su ejemplo cuando esperes que te recuerden a los necesitados y cuando quieras renovar tu fe y tu esperanza.

Al igual que el nuevo llamado de Francisco después de que sirvió como prisionero de guerra, ¡a veces es necesario un momento drástico que nos dé un empujón hacia nuestro destino! Cuando respondemos a situaciones estresantes emerge nuestro verdadero ser. No te sorprendas si, en tiempos de problemas, descubres que eres más fuerte de lo que pensabas.

Santa Gema Galgani

¿Estás sufriendo problemas, ya sean físicos o mentales? Todos caminamos por esta tierra conociendo todo tipo de dolor. Algunas personas sufren mucho, luchan con valentía contra el gran dolor corporal de una enfermedad o una lesión. Hay otras que parecen tener vidas «maravillosas», ricas en salud y abundancia, pero incluso estas personas deben enfrentar el dolor de la angustia, la decepción o el conflicto espiritual.

Santa Gema Galgani, que vivió a finales del siglo XIX, también sufrió una avalancha de reveses terrenales durante sus 25 años de vida. Sus padres murieron, padeció una dolorosa enfermedad crónica y fue objeto de un escrutinio y ridículo casi constantes. Sin embargo, después de cada prueba que enfrentaba, emergía más feliz, más fuerte y más segura de su profunda devoción a Cristo. Fue una mujer que sufrió mucho, pero con alegría; un «alma víctima», dirían algunos. Su conexión con Dios y su trabajo al servicio de Dios la convierten en un excelente modelo para cuando busquemos inspiración para enfrentar las desilusiones y los desafíos de la vida.

Santa Gema Galgani era una mujer de extremos. La reverenciada santa italiana se ganó los sobrenombres de «Hija de la Pasión» y «Flor apasionada» gracias a su profundo compromiso con la imitación del sufrimiento de Jesucristo durante la Pasión. Gema valoraba intensamente su relación con Jesús y trató de basar su vida en su ejemplo.

Gema vivió demostrando un deseo abnegado de sufrir por los demás. Fue la quinta de ocho hijos y, desde el principio, se vio obligada a adoptar el papel de cuidadora, cuando varios miembros de su familia (incluida su madre, su padre y dos hermanos) murieron de tuberculosis. A los 18 años, Gema quedó huérfana y se volvió madre adoptiva de los hermanos que le quedaban. Este fue uno de los muchos desafíos a los que se enfrentó la joven Gema, a los que respondió con una renovada pasión por Dios.

Fue devota de Cristo durante toda su vida; en sus diarios expresó repetidas veces un deseo de «sufrir todo» como expiación por sus pecados. A pesar del dolor físico causado por la meningitis y otras enfermedades, Gema se negó a sí misma las comodidades terrenales como expresión de su deseo de comprender mejor a Dios. Deseaba acercarse a Jesús a través de un extenso estudio, oración y búsqueda del alma.

En respuesta a la profunda devoción de Gema, Jesús se manifestó ante ella por medio de visiones, éxtasis y estigmas. Sus episodios místicos se hicieron más intensos cuando estaba en la agonía causada por una infección de tuberculosis que resultó letal. En palabras de una de las hermanas enfermeras que cuidó a santa Gema en su lecho de muerte: «Hemos cuidado a una gran cantidad de enfermos, pero nunca habíamos visto algo así».

Muchos se conmovieron con el apasionado ejemplo de Gema, pero también tenía detractores. El escepticismo y la burla de los que fue objeto (muchos de los cuales ocurrieron cuando todavía estaba viva) pueden verse como otra forma de sufrimiento por su fe. Incluso su hermana Angelina era una de sus críticas; sus burlas e intentos por sacar provecho de Gema causaron que la declararan no apta para testificar durante el juicio de canonización de Gema.

Cualquiera que sea tu «dolor», piensa en santa Gema. Fue una mujer que no solo abrazó su propio dolor, sino que también pidió asumir el sufrimiento de los demás. Aunque en este momento no estemos listos para pedirle a Dios que ponga sufrimiento «extra» en nuestra vida (la mayoría no somos como Santa Gema) sí podemos sacar una lección importante a partir de su humildad y su voluntad de ofrecer su vida como sacrificio personal a Dios.

Santa Gema Galgani es la santa patrona de los estudiantes (gracias a la forma en que sobresalió en sus estudios, incluso durante la enfermedad), de los enfermos de dolores de cabeza y migrañas; de los farmacéuticos, de los paracaidistas, de los pobres y de los desempleados. Todos los milagros reconocidos de santa Gema incluyen curación y sanación: la curación del cáncer de estómago de una mujer y la curación de un caso de meningitis aguda.

Santa Gema suele ser representada con su túnica pasionista, con flores como lirios o rosas, con sus estigmas, y con la mirada dirigida al cielo que simboliza una vida completamente centrada en Dios.

San Gerardo Mayela

«Veo en mi prójimo a la Persona de Jesucristo». Esta simple y poderosa cita se atribuye a san Gerardo Mayela, de Nápoles, un obrador de milagros que vivió en el siglo XVIII y demostró la generosidad y la empatía encerradas en esta cita; todo esto mientras luchaba contra la enfermedad y chismes maliciosos. Cuando te enfrentas a tus propias pruebas e incomodidades, ¿tu fe en Dios aumenta o disminuye? ¿Crece o disminuye el amor que sientes por tu prójimo?

Gerardo era el menor de cinco hijos y tenía solo doce años cuando murió su padre. Era una época muy difícil y los seis miembros restantes de la familia Mayela se enfrentaron a pobreza extrema y dificultades. Gerardo y sus hermanos se vieron obligados a formar parte de la fuerza de trabajo para mantener a la familia.

Gerardo se fue a la sastrería de su tío para aprender el oficio familiar. Ese trabajo terminó mal cuando Gerardo notó que el jefe de la tienda abusaba de su poder; el capataz renunció, dejándolo sin un maestro. Gerardo luego comenzó su aprendizaje con el obispo local de Lacedonia. Cuando el obispo murió, Gerardo volvió a la sastrería. Cuando comenzó a ganarse la vida, adquirió el hábito de dividir sus ingresos en tres partes: una para su madre, otra para los pobres y una más como ofrenda a las almas del purgatorio.

A los 23 años, san Gerardo deseaba unirse al monasterio de los capuchinos en Muro, pero su solicitud fue rechazada dos veces. Le dijeron que su salud deteriorada lo convertía en un mal candidato para las exigencias físicas de la orden. Impávido, Gerardo solicitó entrar con los redentoristas y fue aceptado, también conocida como la congregación del Santísimo Redentor, en Scala. Esta orden misionera se dedicaba a «predicar la palabra de Dios a los pobres», una combinación perfecta para las crecientes tendencias caritativas de Gerardo. Tomó votos de pobreza, castidad y obediencia, y se dedicó a «hacer la voluntad de Dios».

Como redentorista, Gerardo fue llamado para realizar muchos trabajos extraños, para ser una especie de «milusos». Su tiempo en la orden incluyó periodos como sastre, portero, cocinero, carpintero, jardinero, sacristán y empleado de obras en los nuevos edificios de Caposele, Italia, donde vivía.

Pero a medida que Gerardo comenzó a hacerse un nombre gracias a sus diversos talentos y su incansable ética de trabajo, se convirtió en blanco de una perniciosa acusación. Una conocida suya, llamada Neria, aseguró que Gerardo tenía relaciones inapropiadas con una mujer joven. La acusación provocó que Alfonso Ligorio, fundador de los redentoristas, investigara las afirmaciones. Más tarde, la joven se retractó, lo cual liberó formalmente a Gerardo de los cargos.

¡Imagina lo que Gerardo debe haber sentido en ese momento! ¿Alguna vez has trabajado de manera incansable, tratando de hacer el bien, y sentiste que otros dudaban de tus motivos? Esos momentos pueden considerarse pruebas, puesto que estamos llamados a superar las emociones humanas obvias que inspiran tales injusticias. Gerardo así lo hizo. Estaba decidido a no dejar que un infortunado incidente estropeara la pureza y el poder de su misión cristiana.

Después de seis años de servicio devoto en sus órdenes religiosas, Gerardo se enfermó gravemente de tuberculosis. Incluso en esa débil condición, su fe nunca flaqueó. Su única petición fue que colocaran las siguientes palabras sobre su puerta: «Aquí se hace la voluntad de Dios, según lo que Dios quiera y mientras Dios quiera». Aunque su salud después mejoró milagrosamente, en un mes volvió a enfermarse y falleció cuando tenía 29 años.

Como sanador y místico, se atribuye a Gerardo la realización de numerosos milagros, como un episodio en el que resucitó a un niño que había caído desde un alto acantilado; otro en el que liberó a un pobre campesino de los ratones que estaban destruyendo sus cultivos, y muchas historias de multiplicación del pan para alimentar a los pobres.

El último milagro oficialmente atribuido a Gerardo también es el origen de su reputación de proteger a las embarazadas. Un día, mientras pasaba al lado de una jovencita, Gerardo dejó caer su pañuelo sin darse cuenta. Ella lo recogió, lo sostuvo un momento y luego se dispuso a devolvérselo a su legítimo dueño. Cuando la niña finalmente encontró a Gerardo y le devolvió su pañuelo perdido, Gerardo lo rechazó y le dijo: «Es posible que lo necesites algún día».

Años más tarde, después de la muerte de Gerardo, la jovencita, ya hecha mujer, tenía problemas para dar a luz a su primer hijo. Estaba a punto de perder a su bebé, pero al tomar el viejo pañuelo de Gerardo, el dolor disminuyó y dio a luz a un bebé sano.

En su corta vida, san Gerardo mostró ciertas capacidades místicas, incluyendo dones de levitación, bilocación y el poder de «leer las almas» de manera intuitiva. Todos estos rasgos indican la fuerte conexión que Gerardo compartió con las almas de personas y de Jesucristo. Ampliamente conocido como «El patrón de las madres», San Gerardo es el santo patrón de la maternidad, de los niños (incluidos los no nacidos), del parto, de las personas acusadas falsamente, de las buenas confesiones, de los hermanos legos, y de Muro Lucano, Italia.

San Gerardo suele ser representado de una manera simple, llevando una cruz o tal vez un cráneo. Se dice que tenía un cráneo y huesos cruzados en su escritorio como recordatorio de que su vida en la tierra no sería larga, y que pronto enfrentaría el juicio ante Dios.

Santa Hildegarda de Bingen

Por medio de nuestros pensamientos y nuestras acciones podemos tratar de «ver» la influencia de Dios en el mundo que nos rodea. Podemos hacerlo de forma literal, apreciando las cosas bellas que están en nuestro campo de visión. Por ejemplo, tal vez ver una bella flor nos recuerde la complejidad y el trabajo magistral de las creaciones divinas. Del mismo modo, podemos tratar de «escuchar» el poder de Dios, desde la inspiración de una pieza de música maravillosamente compuesta hasta la alegría milagrosa del llanto de un bebé recién nacido.

Ahora imagínate buscar la influencia de Dios con todos tus sentidos, todos los días. Con un poco de creatividad, quizá logremos imaginarnos cómo veríamos, escucharíamos, saborearíamos, oleríamos y tocaríamos lo divino. (¡Es probable que resulte un poco más difícil que cuando imaginamos solo ver y escuchar la influencia de Dios!). Ahora que has considerado esta perspectiva, sabes un poco más sobre la visión del mundo que tenía santa Hildegarda de Bingen.

Santa instruida y Doctora de la Iglesia, Hildegarda tuvo una larga e influyente vida en la Alemania del siglo XII. Escribió cientos de cartas y publicó libros visionarios y útiles sobre una amplia gama de temas, como la divinidad, nutrición, estilo de vida cristiano, naturaleza y más.

Hildegarda desempeñó varios papeles en sus ocho décadas de vida: escritora, filósofa, compositora musical, mística cristiana, sanadora, abadesa benedictina. Incluso inventó un idioma completo, el *Lingua Ignota*, que usó para describir sus encuentros místicos. Pero su apodo más popular, la Sibila del Rin, proporciona la mayor ventana a sus dones milagrosos como vidente.

Hildegarda tuvo la primera visión divina cuando tenía solo tres años. De hecho, cuando la experimentó, ni siquiera sabía lo que estaba sucediendo. Un par de años más tarde, cuando los episodios comenzaron a presentarse de manera más regular, Hildegarda adoptó el término *visio* en un intento por nombrar un fenómeno que sabía que no era universal.

Las visiones y la comunión cercana con Dios se convirtieron en un acontecimiento de por vida para Hildegarda. Sin embargo, Hildegarda estaba tan reacia a compartir su experiencia con los demás que solo le contó sus visiones a una persona: a su tía y confesora espiritual, Jutta. Cuando Hildegarda tenía 42 años, Dios finalmente le dijo que escribiera todo lo que había visto y escuchado durante cada episodio.

En un principio, el mandato divino hizo que Hildegarda estuviera físicamente afectada por la preocupación. ¿Por qué se sentía tan aprensiva? Pues porque, como mujer prudente y erudita que era, sabía que las experiencias «que se salían de lo normal» no siempre eran bien recibidas en la teología del siglo XII. Pero como escribió en *Scivias* (*Conoce los caminos*), su primer texto teológico publicado: «Pero yo, aunque vi y escuché estas cosas, me negué a escribir durante mucho tiempo a causa de la duda y la mala opinión».

Finalmente, superó su renuencia. Hildegarda escribió sobre todo lo que vio, sintió, escuchó, olió y probó de Dios, tal como lo había experimentado. Sus relatos fueron tan convincentes que, en 1148, el papa Eugenio otorgó la aprobación papal para documentar las visiones de Hildegarda como revelaciones del Espíritu Santo.

Hildegarda no fue martirizada. Vivió durante 81 años, una vida larga en lo que a los santos se refiere. Tuvo visiones de Dios, y cuando las compartió, casi de inmediato fueron aceptadas y corroboradas.

Piensa en los místicos que vivieron en otros tiempos y en otros entornos políticos. ¡Compartir visiones personales no siempre termina tan bien! Muchos hombres y mujeres de diferentes épocas que vieron a Dios de manera similar se encontraron con el escepticismo, o algo peor.

¿Qué nos dice esto sobre el impacto de los tiempos en que vivimos? Podemos comparar a todos los santos que fueron bendecidos con visiones divinas y sus historias parecen notablemente similares. Pero un santo en una época pudo haber sido celebrado como un filósofo, mientras que otro santo de un periodo diferente pudo haber sido acusado de apostasía y ejecutado.

(Para ser justos, Hildegarda sí tenía detractores. Algunos dudaban de que una mujer fuera la «elegida» para recibir mensajes directos y visiones de Dios. ¡Incluso otros afirmaron que sus poderosos episodios proféticos quizá solo hayan sido migrañas!).

Si sientes que tus dones o tus experiencias son minimizados o ignorados, ¡no te desesperes! A veces, solo hace falta un cambio de perspectiva, o del clima predominante de los tiempos, para que todo sea diferente.

Curiosamente, santa Hildegarda no es explícitamente la santa patrona de nada. Pero no es difícil encontrar inspiración y motivación si vemos sus notables logros. Fue una de las primeras grandes místicas alemanas, poeta y profeta. También le encantaba estudiar nutrición, escribir recetas y hornear. Su receta más famosa, de «Galletas de gozo», requería ingredientes sanos. Se decía que comer sus galletas «reducía los malos humores, enriquecía la sangre y fortalecía los nervios».

Promovió el consumo de ciertos alimentos (por ejemplo, espelta, castañas, garbanzos, animales alimentados con hierba y vegetales) y la abstinencia de otros (salchichas y azúcar refinada, por ejemplo). La naturaleza sorprendentemente «moderna» de sus recomendaciones dietéticas del siglo XII solo resalta la atemporalidad de su sabia enseñanza.

¡Mira su buen ejemplo cuando busques conocimiento, moderación y fuerza a través de Dios!

San José de Nazaret

¿Sabías que el «Guardián del Señor» no tiene palabras registradas en las Escrituras? De hecho, san José, esposo de María, la Santísima Virgen y padre adoptivo de Jesucristo, es un poco enigmático. Tanto el papa Pío IX como el papa León XIII declararon que San José es el patrón y protector de la Iglesia católica. Pero ¿qué sabemos sobre el corazón de este gran hombre y sus esperanzas?

Sabemos a qué se dedicaba José, pero ni siquiera estamos seguros de su origen ni de su edad durante los acontecimientos del Nuevo Testamento. Los Evangelios de Lucas y Mateo aseguran que es descendiente del rey David. Era carpintero, y de acuerdo con muchas representaciones populares, es posible que fuera anciano. José se comprometió con María, la Santísima Virgen, con el pleno conocimiento y la expectativa de que nunca tendría relaciones con su esposa, ya que había hecho un voto de castidad. Según escritos apócrifos, quizá haya tenido otra esposa que murió y otros hijos.

José era un hombre piadoso y confiado, pero se sorprendió mucho al enterarse del embarazo de su esposa virgen durante su compromiso matrimonial. Al descubrir este impactante hecho, José adoptó una actitud tranquila y pragmática. Sabía que la sociedad trataba con dureza a las mujeres adúlteras, por lo que decidió romper su unión con María de manera amable y silenciosamente la despidió.

Es importante señalar que tal respuesta no fue una demostración de falta de fe por parte de José. Fue solo una demostración de su devoción por hacer lo correcto para Dios y dentro de la sociedad.

¿Qué fue lo que lo convenció de quedarse con María? El Evangelio de Mateo describe cuatro sueños vívidos en los que un ángel visita a José. El ángel predijo y mostró a José los principales acontecimientos de su vida y los detalles de la inminente Natividad de Jesús. En el primer sueño (descrito en Mateo 1:20-21), el ángel aseguró a José que debía continuar con su matrimonio planeado con María, pues ella había concebido un hijo por el Espíritu Santo. José tomó este mensaje al pie de la letra.

Después del nacimiento del Hijo de Dios, José experimentó el segundo sueño profético (Mateo 2:13). En esta ocasión, el ángel le dijo que se fuera de Belén (donde Jesús había nacido) y que huyera a Egipto porque Herodes quería asesinar a Jesús. Y, una vez más, así lo hizo.

Una vez en Egipto, José tuvo el tercer sueño profético (Mateo 2:19-20), donde el ángel le dijo que podía regresar a Israel. Nuevamente, él escuchó las palabras del ángel sin preguntas ni dudas.

El cuarto y último sueño profético (Mateo 2:22) fue una advertencia. El ángel dijo a José que se fuera a Galilea en lugar de a Judea. Como siempre, hizo lo que le dijeron.

¿Qué podemos aprender de la entusiasta obediencia de san José a las profecías de Dios y sus emisarios? Bueno, claramente vemos que José era un humilde hombre de familia y tenía una gran fe.

San José de Nazaret

En cuanto a las referencias bíblicas, se menciona a José en Mateo y Lucas, y una vez en Juan. No hay referencia a él en Marcos ni en el resto del Nuevo Testamento. Según la teoría popular, murió cuando Jesús tenía alrededor de 20 años, lo que explica por qué nunca se menciona a José una vez que Jesús comienza su ministerio público. Por lo tanto, es obvio que José no estuviera presente en las ocasiones trascendentales de la vida adulta de Jesús: sus milagros, su crucifixión y su resurrección.

Las Escrituras proporcionan escasos detalles sobre la personalidad de José y sus peculiaridades, más bien, la Biblia se centra en su fe y su carácter fuerte. Aun así, José es una figura bíblica tan admirable, inspiradora e importante que hay todo un campo de estudio enfocado en él: la Josefología.

Como piedra angular de la unidad familiar para el Hijo de Dios, José es sin duda una figura clave en el cristianismo. José tiene dos días festivos, el 19 de marzo y el 1.º de mayo, para conmemorar cada uno de sus roles importantes: como esposo de María, y como trabajador y proveedor de su familia.

En el arte, san José a menudo es retratado como un hombre mayor. A veces se le muestra con un bastón rematado con flores, una escuadra de carpintero o herramientas, el niño Jesús en sus brazos, dos tórtolas o una flor de nardo.

Es el santo patrón de la Iglesia católica, de los nonatos, de los padres, de las familias, de las embarazadas, de los inmigrantes, de los viajeros, de los carpinteros, de los agentes de bienes raíces, de los empleados y gente trabajadora en general, y de la muerte feliz (ya que se dice que murió en presencia de toda su familia, María y Jesús). También es el santo patrón de muchos lugares, incluidos Canadá, Croacia, Corea y Vietnam, junto con Zapotlán, México; Mandaue City y Cebu, Filipinas.

¿Alguna vez has estado en un pueblo llamado San José? Cualquier ciudad que tenga ese nombre está rindiendo homenaje a san José, y está en buena compañía. ¡San José es el topónimo más común en el mundo!

De hecho, el poder de la historia de José ha inspirado a personas de todo el mundo. Es uno de los santos más populares y no es difícil saber por qué. Lo que se sabe de su vida está lleno de actos altruistas e inspiradores. Fue gracias a la presencia tranquila y constante de José, que María, la Santísima Virgen, fue cuidada, amada y protegida en el momento más sensible de su vida, mientras criaba a Jesucristo.

Para un hombre que no tiene citas en la Biblia, la historia de José es una fuerte prueba del viejo dicho que dice que las acciones hablan más que las palabras.

San Juan Bautista

Tal vez hayas sido testigo del maravilloso espectáculo de un niño no nacido que se mueve como respuesta a los estímulos del exterior. Bien, un santo puede reclamar el honor de responder a la presencia de Jesucristo antes de que naciera, ¡pateó mientras estaba en el vientre de su madre!

Mártir contemporáneo de Jesús y que lo bautizó, san Juan el Bautista es considerado el precursor de Jesús. Los dos hombres se respetaron mucho e influyeron el uno en el otro, además compartieron una base de seguidores común.

Como se describe en el Evangelio de Juan, fue un hombre enviado por Dios «para que todos creyeran por medio de él. Él no era luz; sino el testigo de la luz» (Juan 1:7-8). En opinión de Juan, citando las palabras de Isaías, él era una «voz que grita en el desierto» (Juan 1:23).

Según el Evangelio de Lucas, Isabel y Zacarías concibieron milagrosamente a Juan el Bautista. Debido a su avanzada edad, la pareja hacía tiempo que había abandonado la esperanza de tener un hijo. Pero un día, mientras estaba en el templo, Zacarías (un sacerdote en Jerusalén) fue visitado por el ángel Gabriel, quien predijo que Isabel quedaría embarazada contra toda lógica.

El ángel describió con todo detalle a Zacarías cómo sería su futuro hijo. El niño se llamaría Juan, muchos celebrarían su nacimiento y traería alegría a muchas personas durante su vida. Además, se profetizó que Juan convertiría a muchos hijos de Israel al Señor su Dios.

¡Qué gran predicción! Zacarías estaba impresionado. Ese día entró al templo, esperando que ocurriera lo de siempre. Lo que obtuvo fue un relato abrumador de un gran futuro que involucraba a un niño que nunca imaginó que podría tener.

Por esta razón, Zacarías tenía dudas. Expresó su escepticismo al ángel, quien se disgustó. Como castigo por su falta de fe, Zacarías quedó mudo hasta el nacimiento de su hijo.

Después de que Isabel quedara embarazada, como se predijo en la proclamación del ángel, fue a verla su amiga (y posible prima) María la Santísima Virgen, que también estaba embarazada. Cuando ambas mujeres estaban juntas, el no nacido Juan el Bautista pateó alegremente dentro del vientre de Isabel en presencia de María y de su futuro hijo, el Hijo de Dios. Este memorable incidente fue el primer acto de devoción y exaltación por parte de Juan ante Jesús en una vida que estuvo llena de ellos.

Una vez que nació, Juan cumplió el papel específico e importante que se predijo para él. En pocas palabras, preparó el mundo para Jesús. Viajó mucho durante varias décadas, atrayendo a grandes multitudes que llegaban a escucharlo predicar y a que los bautizara.

El comienzo y el final de la vida de Juan sirven como vívidos pilares de su tiempo, tan importante en la Tierra. La historia de Juan el Bautista fue memorable incluso antes de que naciera; su dramática muerte, descrita en Marcos 6:14-29, se convirtió en una escena popular en el arte cristiano.

Al igual que muchos grandes mártires cristianos, Juan el Bautista fue asesinado en venganza de sus contemporáneos. Él «habló con franqueza al poder» a un tetrarca (diputado del rey) llamado Herodes, y su sinceridad desató la rabia que provocó el final de Juan.

Un poco de historia: Herodes se divorció de su esposa, Phasaelis, y tomó a la esposa de su hermano, Herodías, básicamente por un capricho romántico. Juan el Bautista habló de manera apasionada sobre la inmoralidad de tal hecho. A la mayoría de los líderes no les gusta escuchar palabras de fuerte discrepancia, y dada la creciente popularidad de Juan el Bautista en todo el Imperio Romano, Herodes se sintió amenazado por esta (justa) crítica.

En el cumpleaños de Herodes, su hijastra Salomé (la hija de Herodías) bailó tan bien para sus invitados que Herodes le ofreció darle lo que quisiera como remuneración. Salomé consultó a su madre, y Herodías pidió maliciosamente la cabeza de Juan el Bautista en un plato. Herodes obedeció, sin duda alegre por el beneficio de «matar dos pájaros de un tiro»; al matar a su detractor y darle gusto a su esposa, a su hijastra y a sus pervertidos y ebrios invitados a la fiesta.

Juan el Bautista es una rareza entre los santos porque, según Juan 10:41: «Juan no hizo ninguna señal milagrosa». En cambio, proclamó la verdad desde el momento en que «saltó jubiloso» dentro del vientre de su madre en presencia de Jesús, hasta el momento en que censuró a Herodes por sus acciones, lo que le costó la vida. Por estas y otras razones, Juan el Bautista es una figura prominente en el arte y la literatura, y su vida es un gran ejemplo de valor de convicción y de la importancia del apoyo espiritual.

San Juan Bautista fue el precursor de Jesús y tuvo un poderoso mensaje que viajó por todas partes. Como tal, es el santo patrón de muchos lugares lejanos, incluido Jordania; Terranova y Labrador y la provincia de Quebec, Canadá; Cesena, Florencia, Génova, Monza y Turín, Italia; Perth, Escocia; Porto, Brasil; Oporto, Portugal; y San Juan, Puerto Rico.

A menudo se representa a Juan el Bautista con su túnica de piel de animal o llevando una cruz, un cordero o un pergamino con las palabras *Ecce Agnus Dei* («He aquí el cordero de Dios»). Como se mencionó, la imagen de la cabeza de san Juan el Bautista en un plato también es una escena popular para los artistas. A veces se le ve sosteniendo un plato con su propia cabeza sobre él o vertiendo agua de sus manos o una concha de vieira.

San Juan de la Cruz

¿Qué hace que sientas más el amor de Dios: las pruebas o los triunfos?

La anterior es una pregunta contra la que san Juan de la Cruz luchó toda su vida. Considerado como una fascinante figura, este santo español del siglo XVI fue poeta místico, fraile carmelita, doctor de la Iglesia y sacerdote. (Muchos han oído hablar de su popular obra poética, *Noche oscura del alma*, sin saber quién fue su autor). Lleno de contradicciones y teorías opuestas, su variado entorno lo llevó a tener una inclinación filosófica e intelectual mientras permanecía fuerte en su fe.

San Juan nació con el nombre de Juan de Yepes y Álvarez; hijo de una especie de «pareja peculiar»: su padre, Gonzalo, era un contador exitoso que nació en una clase acomodada, mientras que su madre, Catalina, era una huérfana pobre que a veces trabajaba como tejedora. Después de casarse, la familia de Gonzalo lo repudió, lo cual desencadenó una serie de eventos que condujeron a la pobreza y la inestabilidad de Gonzalo, Catalina y, después, de sus tres hijos.

Juan tuvo una vida difícil desde sus inicios. Su padre murió cuando Juan tenía solo tres años. Y entonces, las cosas se volvieron tan terribles que el hermano mayor de Juan, Luis, murió poco después, quizá debido a la desnutrición causada por la pobreza de la familia.

Para algunas personas, una infancia tan dura como esta les haría buscar la comodidad y la estabilidad por cualquier medio. Pero Juan recurrió a la religión y, como lo demuestra su nombre completo, abrazó el sufrimiento. Vivió una vida llena de pruebas e incomodidades pero, aun así, buscó enfrentarse a más.

La carrera religiosa de Juan comenzó en 1563, cuando ingresó a la orden carmelita y tomó el nombre de Juan de San Matías. Fue ordenado sacerdote en 1567 y se propuso unirse a la estricta orden cartuja, que le atrajo debido a su énfasis en la soledad y el silencio total. Pero su camino no sería una vida de silencio y soledad.

Durante un viaje a Medina del Campo, Juan se encontró con Teresa de Jesús (que más tarde se convirtió en santa Teresa de Ávila), una carismática monja carmelita que tenía la fuerte visión de reanudar la observancia de la «Regla Primitiva» carmelita de 1209. La Regla Primitiva ordenaba, entre otras cosas, que los hermanos dedicaran su tiempo a evangelizar a la población local. Las monjas y los frailes debían ir descalzos, tal como sucedió desde la creación de la Regla Primitiva hasta 1432, cuando se relajó este detalle de la regla.

De repente, Juan se vio ante una encrucijada. ¿Se uniría a la orden cartujana silenciosa y tradicional como lo había planeado, o seguiría a la persuasiva hermana Teresa, con su poderosa visión para la reforma?

Para Juan, la respuesta era obvia. Al igual que con todo lo demás en su vida, trató de tomar el camino difícil, no el fácil. En esta situación, la ventaja añadida de revitalizar su práctica religiosa resultó ser un atractivo particularmente fuerte. Así que Juan se dirigió con Fray Antonio de Jesús de Heredia a una casa abandonada en Duruelo para fundar el primer monasterio de los Carmelitas Descalzos, siguiendo los principios de Teresa. En esta etapa de su vida, Juan tomó el nombre de Juan de la Cruz. Lo eligió para recordarse el sufrimiento de Jesús y presionarse para seguir la extrema abnegación y disciplina de Cristo.

Si bien al principio todo marchó en orden con la campaña de reforma de Teresa y Juan, las latentes tensiones dentro del monasterio llegaron a un punto crítico en diciembre de 1577. Molestos por lo que les parecía un tratamiento privilegiado, un grupo de carmelitas irrumpió en la casa de Juan en Ávila y lo llevó a la casa de la orden. Lo juzgaron por el presunto delito de desobedecer las ordenanzas de Piacenza.

A pesar de las rotundas defensas de Juan, fue declarado culpable y sentenciado a una dura existencia en la cárcel de un monasterio. Su encarcelamiento incluía azotes públicos semanales, aislamiento en una celda de uno por tres metros y una dieta escasa de agua, pan y restos de pescado.

Mientras que algunas personas podrían sentirse derrotadas con un encarcelamiento tan doloroso, Juan de la Cruz se lo tomó con calma. Como escribió: «Donde no haya amor, pon amor, y encontrarás amor». Con ese fin, invirtió su tiempo en escribir su famoso poema «Canto espiritual» y muchos más. Pudo hacerlo gracias a un papel que un fraile le pasaba por debajo de la puerta de su celda.

Después de nueve meses, Juan pudo escapar de su celda y reunirse con Teresa en Toledo. Hasta que murió, en 1591, siguió apoyando a los Carmelitas Descalzos, viajando y estableciendo nuevas casas en toda España.

San Juan de la Cruz valoraba el sufrimiento y estaba íntimamente familiarizado con sus extremos. Es el santo patrón de los contemplativos, de la teología mística y los místicos, y de los poetas españoles. A San Juan se le acreditan varios milagros de curación, incluido el de curar a una monja de parálisis.

San Juan de la Cruz llevó una vida altamente espiritual, que solía carecer de comodidades. Nacido en la pobreza, se sometió a sí mismo de manera abnegada a muchas situaciones incómodas y condiciones adversas en un intento por trabajar por la gloria de Dios.

A pesar de que entendía la necesidad de sufrir para acercarse a Jesús, San Juan se oponía categóricamente a tratar a los demás con crueldad. Como dijo: «¿Quién ha visto a la gente convencida de amar a Dios por medio de la dureza?».

Santa Juana de Arco

Tal vez ningún otro santo captura la imaginación moderna de manera más vívida y universal que Juana de Arco. También conocida como la «Doncella de Orleans», a esta mártir adolescente se le atribuye haber ayudado a Francia de manera directa e indirecta a lograr victorias militares muy importantes, a pesar de que no tenía entrenamiento militar.

Juana, o Jeanne, nació en un clima de extrema inestabilidad política en Francia, en 1412. En ese momento, Francia estaba atrapada en un largo y letal conflicto contra Inglaterra, que después se conoció como la Guerra de los Cien Años. En 1420, el delfín de Francia (príncipe heredero) Carlos de Valois fue desheredado y destronado debido a un tratado que Inglaterra, que estaba ganando la guerra, obligó a Francia a firmar. Desde ese momento, el rey Enrique V gobernó tanto en Inglaterra como en Francia; la situación era desfavorable y profundamente desmoralizadora para los franceses.

Por esa época, Juana tenía trece años y comenzó a experimentar visiones de santos. Según su propio relato, Juana recibió la visita de san Miguel, santa Catalina y santa Margarita, quienes le dijeron que habían sido enviados por Dios. Tenían un mensaje muy importante que entregarle a la adolescente: Juana debía expulsar de Francia a los invasores ingleses y llevar al delfín a Reims para su coronación.

¡Qué responsabilidad tan grande puso Dios en los hombros de la joven Juana! ¿Te acuerdas de algún momento en que fuiste llamado para hacer algo que parecía imposible? ¿Cómo respondiste cuando comprendiste lo que se te pedía?

La respuesta de Juana fue acción. Vivía en un momento terrible y desesperado; incluso de niña entendió cuánto sufrieron sus conciudadanos durante esa amarga guerra. Entonces, a la edad de dieciséis años, Juana comenzó su importante viaje.

La primera parada de Juana fue Vaucouleurs, un fuerte para los seguidores del delfín. Se encontró con una fría recepción. Al decirle al magistrado local sobre su misión, prácticamente se rio en su cara. Pero gracias al poder de su carisma y la determinación de su espíritu, Juana ganó a otros seguidores en el camino. Muchos habían escuchado una profecía popular que predijo que una virgen salvaría a Francia, y Juana parecía encajar en esta descripción.

Gracias a las súplicas de su creciente grupo de seguidores, Juana finalmente cambió la opinión del dudoso magistrado. Se cortó el pelo y se vistió con ropa de hombre para cruzar a través de territorio enemigo sin ser detectada. Una vez que obtuvo audiencia con el delfín, Juana hizo su petición: quería que le diera un ejército para llevarlo a Orleans y combatir a los ingleses. Increíblemente, el delfín estuvo de acuerdo.

¡Qué valiente! Juana era intrépida, no solo por su voluntad de entrar al campo de batalla, sino por su disposición a hablar directamente con una de las figuras más poderosas de Francia. Juana de Arco mostró confianza en la divinidad de su misión. Y como suele pasar, su fe fue contagiosa. Sus esfuerzos fueron reforzados por la gente del pueblo francés que fue a ver a Juana como la respuesta a profecías y oraciones.

Juana lideró el batallón heroicamente y los franceses lograron una victoria sobre el enemigo inglés. Tal como se predijo en su santa visión, Juana de Arco condujo al delfín a través del territorio enemigo hacia Reims, donde fue coronado en 1429.

Después de una serie de nuevos triunfos militares, en 1430, Juana de Arco fue capturada en territorio hostil. Ahora, las muy conocidas victorias de Juana se convirtieron en un lastre para ella. Su captura brindó la oportunidad para que sus opositores la pusieran en un juicio muy publicitado, que se convirtió en algo así como un circo; en un tribunal eclesiástico respaldado por los ingleses en Ruan, Normandía. Juana tuvo que responder por su presunta herejía, brujería y travestismo. En total, hubo 70 cargos en su contra.

Juana estuvo presa durante más de un año en condiciones terribles. Al ver que no tenía otra alternativa, en 1431 firmó una confesión en la que negaba sus visiones religiosas.

Quizá te inclines a sentir lástima por la joven Juana, encerrada en condiciones miserables como prisionera de guerra. Al mismo tiempo, anímate en su valiente ejemplo. Provenía de un fuerte contexto religioso y obtuvo consuelo de su fe. No es de extrañar que recurriera a Dios y a la oración más que nunca mientras permaneció en su miserable cautiverio.

La persecución continuó. Unos días después de que Juana firmara su confesión, volvieron a acusarla de travestirse. Dicho cargo quizá fuera cierto: según las versiones contemporáneas, la prisión era un lugar peligroso y sin vigilancia, y las mujeres corrían un gran peligro de ser atacadas. Es posible que Juana haya usado un atuendo militar en prisión, en lugar de un vestido, como escudo de protección contra la violación.

Por sus supuestos crímenes de herejía y «vestimenta monstruosa», Juana fue sentenciada a morir quemada en la hoguera a la tierna edad de 19 años. Su canonización tuvo lugar más de 500 años después, en 1920, por el papa Benedicto xv.

Santa Juana tuvo una vida heroica e inspiradora. Pero si examinamos los detalles de su persecución, no es difícil disgustarse y desanimarse con las injusticias de su tiempo. La confesión forzosa de Juana es una situación con la que muchos podemos identificarnos. Con las manos atadas, por así decirlo, a veces tenemos que hacer cosas con las que no estamos de acuerdo. Este elemento humano tal vez explique su perdurable popularidad. Juana fue mártir, tanto en el sentido cristiano como en el sentido coloquial de la palabra.

Debido a su sufrimiento, y gracias al fuerte papel de la guía divina en la vida de Juana, es la santa patrona de los soldados, de los prisioneros, de las personas ridiculizadas por su piedad y de Francia. En el arte, por lo general, es representada como una joven vestida con armadura, con la cabeza descubierta, y a menudo lleva una espada, una lanza o un estandarte.

San Judas Tadeo

Shakespeare escribió: «¿Qué hay en un nombre? A lo que llamamos rosa, con cualquier otro nombre, olería tan dulce». Pero esto no es exactamente así cuando se trata de santos, ¡los nombres son muy importantes! Para demostrarlo piensa en el caso de san Judas, un mártir amante de Cristo del siglo I d. C. que comparte nombre con el mayor traidor de la Biblia.

Cuando escuchamos «Judas» y «discípulo», nuestra mente de inmediato piensa en traición. Judas Iscariote es famoso por haber traicionado a Jesús, lo cual lo llevó a su arresto, juicio y crucifixión. ¿Pero qué pasa con el otro Judas? San Judas también era uno de los doce apóstoles de Jesús. Aunque su nombre completo era Judas Tadeo, a veces se le conocía como Tadeo, Judas de Santiago o Lebbeo.

La reputación de San Judas es diferente a la de Judas Iscariote, por supuesto. San Judas estuvo presente en la Última Cena y se le recuerda por preguntarle a Jesús por qué no se daría a conocer al mundo después de su resurrección.

Fue predicador en Judea, Samaria, Idumea, Siria, Mesopotamia y Libia; Judas escribió una epístola a las iglesias de Oriente, en la que habló contra las herejías de los simonianos, los nicolaítas y los gnósticos. Según los estudiosos, la madre de Judas, María, era prima de María, la Santísima Virgen. Judas regresó a

Jerusalén en el año 62 d. C. para ayudar a elegir a su hermano san Simeón como obispo de Jerusalén. Es probable que Judas fuera granjero.

Además de estos hechos básicos, la información biográfica de Judas es incierta, en el mejor de los casos. Quizá fue vegetariano y su padre se llamaba Cleofás, quien fue martirizado debido a su devoción a Cristo. Se cree que Judas era hermano de Santiago el Menor, también uno de los apóstoles. San Judas y Santiago el Menor quizá eran primos de Jesús.

San Judas fue martirizado, junto con Simón el Zelote, alrededor del año 65 d. C., aunque los relatos varían en cuanto a si fue en Beirut o en Persia. También hay diferentes versiones sobre su muerte; algunas dicen que fue asesinado a hachazos, otras que fue golpeado con un garrote antes de que su cadáver fuera decapitado con un hacha. Por esta razón es que en el arte, san Judas suele ser representado con un garrote o un hacha.

El cuerpo de san Judas fue llevado a Roma después de su martirio. Lo colocaron en una cripta en la Basílica de San Pedro y el sitio se convirtió rápidamente en un importante lugar de peregrinación.

Según un relato popular, muchos peregrinos que visitaron el recinto experimentaron poderosos milagros. Por ello se estableció la reputación de Judas como patrón de «los desesperanzados y los desesperados». Además, santa Brígida de Suecia y san Bernardo tuvieron visiones de Dios en las que solicitaba que reconocieran a san Judas como el «santo patrón de lo imposible».

A pesar de su biografía incompleta, san Judas ha exhibido el poder de inspirar a muchas personas durante muchos siglos. Junto con el apóstol Bartolomé, se atribuye a san Judas haber llevado el cristianismo a Armenia (ambos son reconocidos como los santos patronos de la Iglesia Apostólica Armenia).

San Judas Tadeo obtuvo la reputación de «santo patrón de las causas perdidas» en parte debido a que suele ser confundido con Judas Iscariote. ¡Muchos cristianos dudaban decir el nombre de san Judas por temor a nombrar sin querer al traidor de Cristo! De acuerdo con esta idea, san Judas se acostumbró tanto a que su nombre no fuera invocado, que hizo todo lo posible para ayudar a cualquiera que le pidiera ayuda, incluso en las circunstancias más desesperadas. También se le atribuye el mérito de ayudar a las personas a sanar, al recordarles el poder y la pasión de la Palabra de Dios.

San Judas es el santo patrón de muchos lugares, como Armenia; San Petersburgo, Florida; Lucena, Ciudad Quezón, Sibalom y Trece Mártires, Filipinas; y Sinajana, Guam. Es el santo patrón del Departamento de Policía de Chicago y el Clube de Regatas do Flamengo, en Río de Janeiro, Brasil. Es el homónimo del Hospital de Investigación Infantil San Judas.

A menudo se representa a san Judas con un garrote, un hacha, un bote, un remo o una medalla y con una llama sobre su cabeza, en referencia a su presencia en Pentecostés, donde él y los otros apóstoles recibieron el Espíritu Santo. Muchas veces, se le muestra llevando una pequeña imagen de Jesús, en referencia a uno de sus milagros como proselitista. El rey Abagar de Edessa escribió para pedirle a Jesús que le curara la lepra y él envió a un artista para que entregara la carta y volviera con una imagen de Jesús. Jesús se frotó la cara con un paño, en el que se grabó su imagen, y se la dio a san Judas, quien se la presentó al rey Abagar, y entonces fue curado.

Santa Madre Teresa de Calcuta

¡No hay nada como la emoción de un nuevo proyecto! Cada vez que te embarcas en un camino diferente estás escribiendo un nuevo capítulo en tu autobiografía. Sientes entusiasmo y expectación por lo que está por venir, mezclados con un poco de ansiedad natural, por supuesto, junto con el afán de tener un impacto positivo.

Para santa Teresa de Calcuta, también conocida como Madre Teresa, un nuevo capítulo de su vida religiosa resultó ser algo más grande y significativo de lo que jamás podría haber soñado.

Nacida de padres albaneses en la actual Macedonia, el inicio de la vida de Gonxha Bojaxhiu fue tranquilo y cómodo. Todo cambió cuando su padre, el dueño de un exitoso negocio de la construcción, murió repentinamente.

Cuando Gonxha aprendió sobre el catolicismo en la escuela, se sintió atraída por el trabajo misionero en el extranjero. Entonces, al cumplir 18 años, se unió a las Hermanas Loreto de Dublín. Un año después, la enviaron al noviciado de Loreto en Darjeeling, India, una decisión que cambió su vida para siempre. Fue allí donde adoptó el nombre de Teresa, por santa Teresita de Lisieux.

En India, Teresa trabajaba enseñando historia y geografía en una escuela privada para los ricos de Calcuta. Pero comenzó a sentirse molesta por la enorme diferencia entre la forma en que vivían sus estudiantes acomodados y la realidad de la vida en los barrios bajos de la ciudad.

Cuando tenía 36 años, la mujer que se conocería en el mundo como Madre Teresa, tuvo una epifanía. Mientras se dirigía en tren a Darjeeling, escuchó «un llamado dentro de un llamado». Se dio cuenta de que podía tener un mayor impacto al aventurarse fuera del convento y fomentar una conexión íntima y significativa con los pobres de la India que vivían en los barrios marginales.

Teresa no perdió tiempo después de su llamado. Obtuvo permiso para dejar el convento y convertirse en misionera. Para lograr su objetivo final de abrir una nueva orden religiosa, sabía que iba a necesitar más recursos y habilidades. Así que tomó un curso intensivo de enfermería, luego se dirigió a Calcuta, donde abrió una escuela para los pobres y diario usaba un uniforme compuesto por un sari blanco simple y sandalias. Quería ensuciarse las manos, por así decirlo.

El simple poder del ministerio de la Madre Teresa se extendió rápidamente. Su idea de experimentar de primera mano las dificultades de los barrios marginales parecía radical al principio. Pero la gente no tardó en darse cuenta de que no había una forma más grandiosa de conectarse con esta población y entenderla que no fuera vivir entre ellos.

Su trabajo avanzó desde el principio, ya que la Madre Teresa luchó contra los obstáculos habituales de falta de reconocimiento, escasez de fondos y resistencia institucional. Poco a poco, construyó más y más misiones, centros de atención y refugios. Cuando las noticias de su servicio viajaron por todo el mundo, en gran parte gracias a los medios de comunicación de los tiempos modernos, la Madre Teresa recibió el beneficio de donaciones en forma de alimentos, ropa, medicinas e incluso edificios.

A medida que aumentaron los recursos, el alcance de su trabajo también se expandió. La Madre Teresa se puso en acción porque quería abordar los problemas únicos y específicos que provienen de la sobrepoblación y los recursos limitados. Tenía la visión de vivir entre los más pobres de los pobres en los barrios marginales.

Pero pronto, el ministerio de la Madre Teresa hacia los pobres amplió su alcance. Por medio de sus instalaciones comenzó a ofrecer servicios a huérfanos, niños abandonados, alcohólicos y ancianos. Su trabajo se centraba en identificar y ayudar a quienes más sufrían, ya fuera física, emocional o socialmente. Su trabajo cosechó elogios mundiales: recibió el Premio Nobel de la Paz en 1979.

En el momento de su muerte, en 1996, la Madre Teresa había abierto 517 misiones en más de 100 países. Hablando de su enfoque global único y moderno, dijo: «De sangre, soy albanesa. Por ciudadanía, india. Por fe, soy una monja católica. En cuanto a mi vocación, pertenezco al mundo. En cuanto a mi corazón, pertenezco por completo al Corazón de Jesús».

¿Se habrá imaginado que su trabajo cobraría tal vida cuando se sentó en ese tren a Darjeeling tantas décadas antes?

¿Alguna vez has experimentado un momento tan lleno de claridad? ¿Cómo lo manejaste? A menudo, los momentos más importantes de nuestra vida, en los que tenemos epifanías y tomamos decisiones que nos definen para siempre, surgen en circunstancias cotidianas sin pretensiones. ¡Consiéntete en el flujo natural de tu bondad!

Teresa de Calcuta fue canonizada en septiembre de 2016, después de que sus milagros oficiales fueron ampliamente informados y rigurosamente investigados. Se le atribuye la curación de un tumor abdominal en 2002 y la cura de una infección bacteriana cerebral mortal en 2008.

Nadie conoce tu lucha más que santa Teresa de Calcuta, que voluntariamente eligió vivir entre los más pobres de los pobres para poder servirles mejor.

Santa María Goretti

Las mejores historias son sobre gente común que actúa con valentía extraordinaria. Y es especialmente cierto en el caso de santa María Goretti, una italiana pobre que vivió una vida trágicamente corta y sufrió una muerte terrible. Si bien los detalles de su historia son espantosos, es imposible no sentirse inspirado por la madurez, la compasión y el perdón de María.

Hija de campesinos empobrecidos en la Italia rural, María perdió a su padre cuando tenía nueve años. Con la pérdida del sostén familiar, los Goretti tuvieron que adaptarse: María y sus hermanos comenzaron a trabajar en los campos para ganar dinero y la familia tuvo que mudarse con otra familia de la localidad, los Serenelli, para ahorrar dinero. Ese desesperado recurso desencadenó la cadena de eventos que llevaron a la muerte de María, pero también a su eventual canonización.

Un día, cuando María estaba sentada afuera para remendar una camisa, el adolescente rebelde Alessandro Serenelli se le insinuó sexualmente. María tenía alrededor de once años en ese momento y Alessandro tenía alrededor de 18. María se negó valiente.

A pesar del miedo y el cansancio, María le pidió a Alessandro que se detuviera. Él la superaba en tamaño, pero el poder de su fe era innegable. Cuando se abalanzó sobre ella, María gritó: «¡Dios no quiere! ¡Te irás al infierno!». Se produjo una inmensa lucha física y María le dijo a Alessandro que prefería morir antes que someterse a él.

Lo anterior enfureció aún más a Alessandro y apuñaló catorce veces a María. La llevaron al hospital y la sometieron a cirugía sin anestesia, pero su vida no pudo salvarse. Falleció, pero antes le dijo a su médico que rezaría por él y enfatizó que perdonaba a su atacante. ¡María incluso llegó a afirmar que esperaba ver a Alessandro en el cielo!

Alessandro fue juzgado y encarcelado por su crimen: pasó los siguientes 27 años en la cárcel. Se libró de ser ejecutado porque lo juzgaron como menor de edad y también porque la madre de María testificó en su juicio, solicitando misericordia.

La prisión resultó un lugar beneficioso para Alessandro. Aprovechó el tiempo para orar y reflexionar sobre sus acciones. Un día, tuvo una visión de María que lo visitaba y le ofrecía lirios. Pero cuando los tocó, ardieron en sus manos.

Al salir libre, Alessandro fue directamente a ver a la madre de María para suplicarle perdón. La madre de María lo perdonó y le dijo: «Si María te perdonó, yo también».

Alessandro pasó el resto de su vida tratando de compensar el grave error de su juventud. Más tarde se convirtió en hermano lego de la orden de los Frailes Menores Capuchinos. Vivió en el monasterio y trabajó como recepcionista y jardinero hasta su muerte, a los 87 años. Aunque los detalles de su ataque fueron espantosos, la penitencia que mostró durante las siguientes siete décadas de su vida es inspiradora.

En un agradable día de junio de 1950, María fue canonizada en una ceremonia en la *Piazza San Pietro*, en las afueras de la Basílica de San Pedro. Llamándola «santa Inés del siglo xx», Pío

XII dirigió las alabanzas para la joven fuerte y fiel cuya corta vida había inspirado a tantos.

Y, de hecho, muchas personas se sintieron inspiradas para rendir homenaje a su historia. La canonización de santa María Goretti atrajo a una de las multitudes más grandes de la historia, ¡con una concentración de alrededor de medio millón de personas!

Varios milagros que involucran a miembros de su familia se atribuyen a santa María. Según su hermano Angelo, María se le apareció en una visión para decirle que emigrara a América. Ese cambio resultó ser muy productivo y útil en su vida. Por otra parte, el hermano de María, Mariano, afirmó haber experimentado una visión de María mientras luchaba en las trincheras como soldado en la Primera Guerra Mundial. María le dijo que permaneciera en las trincheras mientras el resto de su unidad atacaba a los alemanes; Mariano fue el único de su batallón que sobrevivió.

Santa María no quería nada más que perdonar y amar. A menudo se le representa con ropa campesina sencilla y sosteniendo un cuchillo o catorce lirios. Es la santa patrona de los jóvenes, especialmente de las niñas.

No siempre es fácil seguir el ejemplo del perdón divino. Sin embargo, santa María Goretti nos muestra, a través de su gracioso ejemplo, que la vida puede ser tan significativa y gratificante cuando decidimos usar nuestra luz para amar e inspirar a los demás, no para vivir en la oscuridad.

Santa María Magdalena

¿Has pintado huevos de Pascua? Si la respuesta es sí, ¡entonces has rendido homenaje a María Magdalena!

La llamada apóstol de los apóstoles, María fue contemporánea de Jesús y desempeñó un papel clave en el descubrimiento y la difusión de la noticia de su resurrección. Según la tradición popular, ella «inventó» el huevo de Pascua pintado. De hecho, era una señal visual que usó para demostrar el poder y la belleza del sacrificio de Cristo.

Amiga y confidente de Jesús, santa María Magdalena es una de las figuras más conocidas y más mencionadas de la Biblia. Lavó los pies de Jesús y se presentó en la tumba después de su crucifixión. A menudo es representada en el arte y la cultura popular: desde pinturas clásicas hasta el moderno libro líder en ventas y el éxito de taquilla *El código Da Vinci*.

Entre todas estas representaciones existen inconsistencias y contradicciones. La confusión se hace todavía mayor por el hecho de que «María» era un nombre muy común en la época del Nuevo Testamento. Están la Virgen María, María de Betania (hermana de Marta y Lázaro) y María Magdalena. También hay otras figuras, María, la madre de Santiago y María Salomé, por ejemplo, que se suman al rompecabezas.

Pero muchas personas, cuando escuchan «María Magdalena», tienen una imagen mental clara de la mujer que lavó los pies de Jesús y los secó con su largo cabello que caía sobre su hombro desnudo, descrita en Lucas 7:36-50.

Es un personaje complejo en las narraciones bíblicas y ha sido invocada a lo largo de la historia para servir como estandarte de varias causas. De hecho, ¡ha sido convertida en representante del feminismo y de las mujeres caídas! Algunos la consideran una «mujer libertina» y una pecadora arrepentida; otros, como modelo firme de la religiosidad de toda una vida. Sin embargo, cualesquiera que sean las consideraciones que hayamos asociado a su nombre, fue una cuidadora de buen corazón. También fue devota seguidora de Jesús durante su tiempo de ministerio público. Y durante la persecución de Jesús, su papel se hizo aún más memorable. Fue Santa María Magdalena quien presenció la crucifixión de Jesús, su entierro y su resurrección.

Según Juan 20:1, santa María Magdalena viajó a la tumba de Jesús y descubrió que estaba vacía. Marcos 16:9, Mateo 28:1, y Lucas 24:10 proporcionan diferentes relatos de los personajes que la acompañaron en este momento crítico, pero la parte importante es la presencia de María, lo cual es indiscutible.

En su carta apostólica de 1988 titulada «Sobre la dignidad y la vocación de la mujer», el papa Juan Pablo II escribió: «María Magdalena fue la primera testigo de la imagen de Cristo resucitado y, por esta razón, también fue la primera en dar testimonio de él ante los Apóstoles».

Piensa en alguna ocasión en la que fuiste llamado para «difundir las buenas nuevas» sobre algo. Cuando somos los primeros en descubrir un secreto, es natural que sintamos una mezcla de orgullo y temor. Qué gran honor recibió María Magdalena cuando vio la resurrección de Jesús. Por otro lado, siempre es una carga tratar de convencer a las personas dudosas de un evento milagroso.

Una forma en que María manejó esta responsabilidad fue con los huevos de Pascua. Según la tradición, asistió a un lujoso banquete real en la propiedad del emperador romano Tiberio. La cena se celebró poco después de la muerte y resurrección de Jesús, cuando la curiosidad sobre el maravilloso evento estaba en un punto álgido. Rebosante de emoción por Cristo, María Magdalena saludó al emperador arrogante y secular con el anuncio: «¡Cristo ha resucitado!».

Tiberio se rio en su cara y le respondió que la idea de que Cristo hubiera resucitado de entre los muertos era tan ridícula, como decir que el huevo que María Magdalena sostenía en la mano se pondría rojo. Antes de que Tiberio terminara de dar su respuesta, ¡el huevo se puso rojo!

Santa María Magdalena es la santa patrona de quienes son ridiculizados por su piedad, de los boticarios, de las personas que luchan contra la tentación sexual, de los perfumeros, de los farmacéuticos, de los curtidores, de los que intentan llevar una vida contemplativa, y de Atrani y Casamicciola Terme, en Italia.

Si alguna vez has tenido la sensación de que debes convencer a los que te rodean de algo que suena imposible, entonces ¡santa María Magdalena es una santa maravillosa en quien puedes inspirarte! Independientemente de los detalles específicos de su vida, fue miembro clave del sistema de apoyo de Jesús. Le encantaba estar cerca de él y alabar y difundir sus enseñanzas. Y en efecto, fue fortalecido y estabilizado por su presencia constante.

En el monte Athos en Grecia, las reliquias sagradas de santa María Magdalena se guardan dentro del Monasterio de Simonopetra. Los peregrinos que han visitado ese tesoro sagrado informaron que se encuentra intacto y que la mano preservada huele a flores celestiales.

Santa María Magdalena a menudo es representada en el arte con una caja de pomada de alabastro, un recipiente lleno de mirra, y el huevo de Pascua que poderosamente volvió rojo en presencia del emperador Tiberio. A menudo se representa abrazando los pies de Cristo y esta pose vívida y humilde es una demostración maravillosa de su pasión silenciosa y devoción inquebrantable.

Santa María, la Santísima Virgen

Santa María la Santísima Virgen tiene quizás la mayor cantidad de sobrenombres de todos los santos. Están los honoríficos: Santísima Virgen María, Madre de Dios, Nuestra Señora (*Madonna*, en italiano medieval) y Reina del Cielo. En la antigüedad, también era conocida como «Portadora de Dios», «Siempre virgen» y «Santísima» para los griegos.

Para los católicos, santa María la Santísima Virgen es la más importante y la más santa de entre todos los santos. Y como tal, ¡tiene muchos nombres! Santa María es ampliamente conocida por descripciones tales como Nuestra Señora de los Dolores, Nuestra Señora del Buen Consejo, Nuestra Señora de los Navegantes e incluso Nuestra Señora Desatadora de Nudos.

Esta gran variedad de apodos distintivos y superlativos subraya la importancia de santa María. El simple hecho de escuchar su nombre tiene el poder suficiente para recordar a personas de todo el mundo, y de todas las épocas, la humilde fe y el amor maternal que conforman el aspecto más maravilloso de la humanidad. Como se mencionó anteriormente, el término *hiperdulía* se usa para describir la veneración particular a María por parte de sus seguidores más devotos.

María nació en Jerusalén y a temprana edad tomó un voto de virginidad. Un día, cuando vivía en Nazaret, María tuvo una visión del arcángel Gabriel. Él le contó una gran noticia: ¡se convertiría en la madre de Jesús y su hijo sería concebido por el Espíritu Santo!

María se sobresaltó, pero continuó con su vida cotidiana mientras pensaba en la importancia de ese mensaje. Casi con resignación, dijo: «He aquí la esclava del Señor; hágase en mí según tu palabra» (Lucas 1:38).

Piensa en todo el control y la fe que esto requiere. Se necesita una gran determinación para aceptar tu futuro, sobre todo cuando ese futuro implica una responsabilidad tan grande y radical.

Puesto que había jurado ser virgen, María eligió cuidadosamente a un futuro esposo que la ayudara a mantener su voto. Buscó a un hombre que la cuidara y la apoyara, y lo encontró en san José.

Durante su compromiso con José, María quedó embarazada del Hijo de Dios, como Gabriel había profetizado. Al principio, José estaba alarmado, no quería causar un alboroto, pero hizo planes para terminar discretamente con María y enviarla lejos para evitarle la vergüenza y el ridículo público que acompañaban al adulterio. Pero después de que María le explicó el origen divino de su embarazo, José le prestó la protección y el apoyo que tanto necesitaba. Juntos, por supuesto, viajaron a Belén para el censo y María dio a luz a Jesús.

Esos son los hechos ampliamente citados de la vida de santa María. Todos sabemos de manera instintiva que fue una madre maravillosa para el Hijo de Dios, pues lo crio en cuerpo, mente y espíritu. Pero ¿cuáles son los detalles menos conocidos de la vida de la Santísima Virgen? ¿Cómo apoyó a su amado hijo y lo movió a cambiar el mundo y el curso de la humanidad?

El primer milagro de Jesús del que se tiene registro ocurrió cuando convirtió el agua en vino en una boda en Caná. Fue santa María quien alertó a su hijo sobre el hecho de que el vino se había acabado. Lo instó a tomar medidas e instruyó a los sirvientes de la boda para que hicieran lo que su hijo les dijera.

¡Qué perfecto ejemplo de estímulo parental! En esta anécdota podemos ver elementos de nosotros mismos: ¿quién no puede verse reflejado en el momento en que un padre empuja a un niño que duda para que ejerza su potencial? Cualquiera sentiría renuencia y vergüenza, ¡incluso Jesús! Primero respondió a su madre: «Mujer, ¿qué tenemos que ver nosotros? Mi hora no ha llegado todavía» (Juan 2:4). A veces, ¡solo una madre es capaz de saber cuándo estamos listos para compartir nuestra luz con el mundo!

Santa María llevó en su vientre y dio a luz al Salvador de la humanidad, así que, naturalmente, ella es la patrona de toda la humanidad. En términos generales, es la santa patrona de cualquier esfuerzo bueno o que valga la pena.

San Maximiliano Kolbe

¿Cuándo fue la última vez que te encontraste en una encrucijada? En la vida cotidiana, a menudo nos llaman a elegir entre dos opciones mutuamente excluyentes.

¿Cómo te sientes en esos momentos? ¿Avanzas audazmente, seguro de tu decisión? ¿O vacilas y te demoras, y después te preguntas si tomaste la decisión correcta? Y cuando una de las opciones es «segura y cómoda» y la otra es «difícil y peligrosa», ¿cuál es la que eliges con más frecuencia?

San Maximiliano Kolbe fue un fraile franciscano polaco que vivió durante una era histórica increíblemente desafiante, el Holocausto en Polonia ocupada por los alemanes, y aún así constantemente tomó decisiones valientes e inspiradoras. Continuamente elegía la opción «difícil y peligrosa», comenzando desde el momento en que se sintió llamado a llevar una vida religiosa.

En 1906, cuando Maximiliano Kolbe tenía solo doce años, experimentó una poderosa visión de la Virgen María. Describió lo siguiente:

«La Madre de Dios vino a mí sosteniendo dos coronas, una blanca y la otra roja. Me preguntó si estaba dispuesto a aceptar cualquiera de las dos. La blanca significaba que debía perseverar en la pureza y la roja, que debía convertirme en mártir. Dije que aceptaba las dos».

¡Qué valiente aplomo! Obviamente, Maximiliano alcanzó la mayoría de edad en un tiempo traicionero. La inestabilidad política que condujo a la Segunda Guerra Mundial forzó a muchos niños europeos a crecer de manera acelerada. Pero la temprana devoción de Maximiliano por María fue admirable.

Incluso cuando el mundo que lo rodeaba estaba patas arriba, disfrutó de las constantes comodidades de rezar a la Santísima Virgen, que nunca nos abandona, incluso cuando nuestra situación al principio parezca desoladora.

El año siguiente, Maximiliano y su hermano, Francisco, se unieron al seminario franciscano menor conventual. Siete años más tarde, para cuando Maximiliano tomó sus votos finales, en 1914, había adoptado el nombre adicional de María, como homenaje a la santa que lo puso en el camino de Dios.

Después del seminario, Maximiliano obtuvo doctorados en filosofía y teología, en Roma. Durante su beca y sus viajes continuó dedicándose a consagrar a María y a confiarse a ella. Pero el ambiente universitario expuso a Maximiliano a una facción de disidentes con la que nunca se había encontrado. Durante una celebración del aniversario masón, Maximiliano presenció una violenta protesta contra el papa san Pío x y el papa Benedicto xv. Después, creó el periódico devocional mensual llamado *Rycerz Niepokalanej* (*Caballero de la Inmaculada*) mientras trabajaba como sacerdote.

Durante la década de 1930, Maximiliano se dedicó al trabajo misionero y viajó a China, Japón e India. En Japón, fundó un monasterio que permanece hasta nuestros días, ubicado entre los templos sintoístas tradicionales de la zona. Regresó a Polonia en 1936 debido a problemas de salud derivados de complicaciones de la tuberculosis.

En 1940, los ciudadanos polacos enfrentaron problemas como escasez de alimentos y de productos básicos; inestabilidad monetaria y la terrible persecución étnica. Muchos huyeron del país, pero Maximiliano se quedó; sabía que su ayuda en casa en ese momento era más necesaria que nunca.

Con el paso del tiempo, las condiciones se volvieron más tensas. Maximiliano, que étnicamente era alemán por parte de su padre, tuvo la oportunidad de firmar el *Deutsche Volksliste*, una declaración que le proporcionaría cierta protección reservada para los alemanes. Sin embargo, se negó: Maximiliano sabía que tal acción parecería validar la idea de que las personas que no fueran alemanas debían ser tratadas de manera diferente. Al negarse a firmar y, por lo tanto, ponerse en peligro, Maximiliano realizó otro acto altruista como tantos en su vida.

Eventualmente, Maximiliano fue llamado a sufrir todavía más, cuando lo llevaron al campo de concentración en Auschwitz, en mayo de 1941. Incluso en esas deplorables condiciones, Maximiliano sirvió como faro de esperanza para su prójimo actuando como sacerdote.

Unos meses más tarde, Maximiliano adoptó la corona roja de mártir que su amada santa María le había regalado de niño. Cuando un comandante del campo seleccionó al compañero de celda de Maximiliano para que muriera de hambre en un búnker subterráneo, Maximiliano se ofreció para tomar su lugar.

Durante dos semanas sin comida, Maximiliano dirigió a sus compañeros de prisión en oración a Nuestra Señora. Al final de la segunda semana, Maximiliano era el único que permanecía con vida y su espíritu estaba en paz. Frustrados, los guardias decidieron darle una inyección letal de ácido carbólico y San Maximiliano, con tranquilidad, ofreció el brazo para recibirla.

Sus milagros de beatificación incluyeron la cura de un caso de tuberculosis intestinal en 1948 y un caso de esclerosis arterial en 1950.

San Maximiliano es el santo patrón de las familias, de las personas encarceladas, de los periodistas, de los presos políticos, de los radioaficionados y del movimiento provida.

Aunque nuestros actos no sean tan importantes o audaces como los de san Maximiliano, todos los días estamos llamados a tomar decisiones poderosas y consecuentes. Hacerlo quizá no sea cómodo o fácil. Pero si tenemos a Dios en nuestro corazón, y mostramos amor y bondad a nuestros vecinos, ¡podemos estar seguros de que estamos haciendo lo correcto!

Si no estás seguro o vacilas, date aliento mirando el ejemplo de Maximiliano y su hermosa vida de acción comprometida.

San Nicolás de Bari

Es difícil no alegrarnos al escuchar el nombre «san Nicolás». Además de María, la Santísima Virgen, se considera que es el santo más representado en el arte. Se debe, por supuesto, al hecho de que su nombre es sinónimo de *Santa Claus*. ¿Quién no sonríe y se ríe (y se entusiasma por los regalos) al pensar en el amable y regordete san Nicolás?

Antes de obtener su estrecha asociación moderna con los regalos y la Navidad, san Nicolás fue un obispo griego del siglo IV, en Asia Menor. Fue hijo único y era muy religioso desde temprana edad, incluso hasta el punto en que hacía ayunos canónicos dos veces por semana durante su juventud.

El joven Nicolás quedó huérfano cuando sus adinerados padres murieron de manera inesperada durante una epidemia. Nicolás fue criado por un tío, que también era obispo.

A veces, la vida da vueltas inesperadas. Y eso le pasó a Nicolás. Cuando se fue a vivir con su tío, fue testigo de primera mano del poder y el propósito de la religión. El tío de Nicolás avivó en su sobrino el fruto de su pasión espiritual; le enseñó su propia profesión y sus experiencias. En parte, gracias a eso, Nicolás se convirtió en obispo cuando era joven.

Impresionó a muchos con su fervor y piedad, y con su habilidad temprana para realizar milagros. En una ocasión, el hambre y la escasez de alimentos golpearon su ciudad natal. Un despiadado carnicero atrapó y mató a tres niños pequeños con la intención de venderlos como jamón. Nicolás condenó al terrible carnicero y resucitó a los niños por medio de sus oraciones.

En otro caso milagroso, también durante un periodo de hambruna, un barco cargado de trigo estaba anclado en un puerto cercano, mientras los marineros se preparaban para llevarlo a Constantinopla. Nicolás abordó la nave y pidió una pequeña cantidad de trigo para ayudar a su comunidad hambrienta. Los marineros se negaron, pues no querían tener problemas en Constantinopla si llegaban con una carga incompleta.

Nicolás prometió que no tendrían ningún problema. Los marineros le dieron trigo para alimentar a los hambrientos y, en efecto, cuando el barco llegó a Constantinopla, ¡milagrosamente, la cantidad de trigo era la misma!

Pero el milagro por el que san Nicolás es más conocido implica un momento espectacular de caridad. Nicolás se encontró con un hombre que no podía pagar las dotes de sus tres hijas. Sin las dotes, las hijas permanecerían solteras e incluso podrían enfrentar una vida de prostitución para ganar dinero.

Aunque Nicolás se conmovió por la difícil situación del padre, no quería llamar la atención ni avergonzar al hombre. Así que, en medio de la noche, fue a la casa del pobre hombre y por la ventana arrojó tres bolsas llenas de monedas de oro, una para cada hija.

Según la historia tradicional de san Nicolás, el padre se esforzó por averiguar la identidad de su benefactor. Pero una vez más, Nicolás estaba más preocupado por ayudar a los demás que por glorificarse a sí mismo. Y se tomó grandes molestias para ocultar su identidad, al decirle al hombre que más bien debía centrarse en el amor de Dios. Incluso un hombre tan grande

San Nicolás de Bari

como san Nicolás consideraba que él solo era el mensajero de Dios. ¡Qué mensaje tan poderoso y humilde!

¿Alguna vez has participado en un intercambio de «amigo secreto» en Navidad? Ahora conoces los santos orígenes de esta divertida y maravillosa tradición.

Y cuando te encuentres en un momento de necesidad, como el padre pobre de las tres muchachas, recuérdate a ti mismo que los ayudantes de Dios siempre están a la vuelta de la esquina. ¡Puedes realizar actos de «amigo secreto», o ser el benefactor de alguien, en cualquier momento del año! Piensa en esta lección sobre la importancia de ayudar a los demás de forma anónima y anímate.

San Nicolás es el santo patrón de todas estas fiestas de regalos, así como de los ladrones arrepentidos, de los cerveceros, de los farmacéuticos, de los arqueros y de los prestamistas. Es considerado el patrón y protector de Aberdeen, Escocia; Galway, Irlanda; Liverpool, Inglaterra; Moscú, Rusia; Bari, Italia; Ámsterdam, Países Bajos; Lorena, Francia; y toda Grecia.

Es posible que te imagines a san Nicolás como un viejo regordete al que dan ganas de abrazar. Esta representación es históricamente la más consistente, ¡excepto por la parte del sobrepeso! San Nicolás vivió en una época de escasez y hambre, y seguramente habría priorizado la alimentación de los demás por encima de sus propias comodidades.

En el arte, a menudo se muestra a san Nicolás con su atuendo de obispo, con Jesucristo mirando por encima del hombro, y suele ser representado con un omoforio o portando un libro de los Evangelios. Tanto en su vida como en la leyenda, el viejo san Nicolás no amaba nada más que dar y promover el bien.

San Pablo de Tarso

¿Cuál ha sido el evento más memorable de tu vida? Es probable que se trate de un momento estrechamente relacionado con tu identidad. Tal vez recuerdas cada detalle del día que conociste a tu pareja. O el día en que nació tu primer hijo. ¡O el día en que obtuviste ese gran ascenso laboral que significaba mucho para ti!

Para muchos de los santos, el momento más grande y más poderoso de sus vidas podría ser la ocasión de su martirio. Otras veces, es el momento en que realizaron un gran milagro que transmitió su mensaje a una gran multitud. Para san Pablo, del siglo I, en Roma, el momento determinante fue cuando vio el error en su camino, que vino con una útil visión de carne y hueso.

San Pablo nació en una devota ciudad judía e inicialmente era llamado Saulo. Saulo se enorgullecía de su herencia judía, y hacía alarde de ella: «Soy un ciudadano de Israel de sangre pura y miembro de la tribu de Benjamín, ¡un verdadero hebreo como nunca había existido! Fui miembro de los fariseos, quienes exigen la más estricta obediencia a la Ley judía» (Filipenses 3:5).

Saulo trabajaba como fabricante de tiendas, pero su pasión era la persecución. Cuando era un adulto joven, atormentó y arrestó a los primeros discípulos de Jesús en Jerusalén y sus alrededores. También participó en la lapidación de san Esteban.

Un día, mientras Saulo viajaba de Jerusalén a Damasco, experimentó una visión poderosa de Jesús resucitado, bañado en luz. Jesús le preguntó a Saúl por qué estaba persiguiendo a Jesús y a sus seguidores.

Mientras Saulo y la visión de Jesús conversaban en ese camino, Saulo expresó su confusión sobre la presencia de Jesús, quien le explicó lo perjudiciales que eran sus acciones.

Después de que cada uno siguió su camino, Saulo quedó ciego. Perdió la vista de manera inmediata, ¡necesitaba un guía para entrar a Damasco!

Durante los tres días que duró su ceguera, Saulo no comió ni bebió nada. Oró durante horas y horas, en busca de respuestas y orientación. Finalmente, Ananías de Damasco buscó a Saulo y le dijo: «Saulo, hermano mío, el Señor Jesús, el mismo que se te apareció en el camino, me envió a ti para que recobres la vista y quedes lleno del Espíritu Santo» (Hechos 9:17).

Saulo cambió en un segundo. De hecho, Saulo se convirtió en Pablo y, en cuanto regresó a Jerusalén, comenzó a difundir las buenas nuevas de su visión.

Sin duda, los tres días de ceguera y ayuno de Pablo prepararon su mente para un nuevo descubrimiento radical. ¡Lo único lógico que podía hacer entonces era actuar en consecuencia!

Y eso fue justo lo que hizo. Pablo experimentó una conversión masiva y se convirtió en una persona nueva. La gente se sorprendió al ver que el hombre que había hablado tan fuertemente contra Jesús, ahora se llamaba a sí mismo «el siervo de Cristo».

¡Saulo fue llamado! Piensa en alguna ocasión en la que hayas tenido el valor de enfrentarte a alguien, o en la que te hayas confrontado a ti mismo. ¡Son las conversaciones más incómodas!

Cuando nos sentimos movidos a tener ese tipo de interacción, siempre es porque el tema es demasiado importante como para dejarlo pasar. Jesús debe haber sentido de esa manera la vehemente campaña de persecución de Saulo. Al mismo tiempo, hay un gran poder que proviene de admitir nuestros errores. Qué liberador es decir en voz alta o en nuestro corazón, «¡me equivoqué!» y comenzar a redimirnos a nosotros mismos.

El hecho de que al principio hayamos tomado el lado equivocado del asunto, no invalida la pureza de nuestras intenciones ni la potencia de nuestros pensamientos. De hecho, ser capaz de comprender puntos de vista diferentes y completamente opuestos es una cualidad maravillosa.

Durante su vida adulta, san Pablo viajó por todas partes. Es considerado como un apóstol extremadamente influyente y su trabajo fue fundamental en el establecimiento y la difusión de las enseñanzas de Jesucristo.

San Pablo atraía mucha atención a dondequiera que fuera, gracias al poder de su historia y a la fuerza de sus habilidades oratorias. Pero con esa atención llegaron los detractores. Algunos estaban molestos por su conversión del judaísmo. San Pablo fue arrestado dos veces; la segunda vez, en Roma, en el año 67 d. C., el demente emperador Nerón ordenó su muerte. Es posible que Nerón lo hubiera conocido personalmente.

Los muchos milagros de san Pablo se mencionan extensamente en las Escrituras. Los hechos de su ceguera de tres días y la recuperación de la vista fueron milagrosos. San Pablo salvó a ancianos y jóvenes al borde de la enfermedad y la muerte, como se describe en Hechos de los Apóstoles.

¿Quién conoce el poder de escuchar mejor que san Pablo? Es el santo patrón de las misiones, de los teólogos y de los cristianos gentiles. También es el santo protector de una serie de empleos: misioneros y evangelistas; escritores, periodistas y autores; trabajadores públicos y fabricantes de cuerdas, sillas de montar y tiendas de campaña.

Todos experimentamos momentos de confusión y duda. Y como nos recuerda el momento más memorable de san Pablo, a veces, cuando nos sentimos tan seguros y confiados de nuestras creencias es que estamos a punto de aprender algo que lo cambia todo.

San Padre Pío de Pietrelcina

Reza, espera y no te preocupes. Era el mantra de san Padre Pío, ¡qué consejo tan simple y hermoso! A pesar de haber vivido durante ocho décadas, el Padre Pío padeció bronquitis asmática, cálculos renales, dolor e inflamación abdominal, y úlceras a lo largo de su vida. Podemos suponer que su cuerpo estaba sufriendo la mayor parte del tiempo, pero su mente y su espíritu solo se fortalecían con cada prueba.

Piensa en un momento en el que hayas sentido una tremenda angustia. ¿Oraste, tuviste esperanza y dejaste de preocuparte? No siempre es fácil rendirse al plan de Dios. De hecho, «renunciar» a nuestros sentimientos de control puede ser una de las cosas más aterradoras. Afortunadamente, confiar en tu fe es una manera infalible de acabar con la ansiedad.

San Padre Pío nació con el nombre de Francesco Forgione, en el siglo XIX, en Italia, y fue fraile capuchino. En sus 81 años de vida, san Padre Pío difundió la palabra de Dios a través de su trabajo como sacerdote y místico, y a través de la publicidad que recibió por haber tenido estigmas.

Su familia no era rica en absoluto, pero era muy religiosa. En su ciudad natal, Pietrelcina, Francesco y su familia asistían a misa todos los días y rezaban el rosario todas las noches.

Santos y ángeles

Incluso dentro de la comunidad de origen profundamente religiosa de Francesco, el joven santo era particularmente espiritual. Cuando era niño solía tener visiones de Jesús, la Virgen María y su ángel de la guarda. Francesco se comunicaba con ellos con frecuencia y, se volvieron tan familiares, que no se daba cuenta de que los demás no veían las mismas cosas que él.

El Padre Pío experimentó una vida de sufrimiento físico. A los seis años enfrentó su primera pelea importante contra la enfermedad, al contraer un caso casi mortal de gastroenteritis. Varios años después padeció fiebre tifoidea. A los 17 años, Fra Pío (como se le conocía entonces, después de haber adoptado el hábito franciscano) volvió a caer terriblemente enfermo. Durante su curso académico de siete años para convertirse en sacerdote, Fra Pío sufrió síntomas horribles como desmayos, migrañas, fatiga y náuseas crónicas. Sobrevivió con una dieta a base de leche y queso, ya que eran los únicos alimentos que su estómago podía soportar. Durante los primeros años, Fra Pío era débil y frágil. Luchaba para llevar a cabo las rigurosas actividades que su entrenamiento y su educación requerían.

Pero fue en esos momentos de terrible sufrimiento físico cuando Fra Pío se acercó aún más a Dios. Rezaba constantemente, no solo para aliviar su dolor, sino para recibir orientación y dirección en su camino. Estaba en constante comunicación con Dios, Jesús, María y su ángel de la guarda. De hecho, uno de los frailes que estudiaba con Pío en ese tiempo, informó haberlo visto levitando sobre el suelo, en éxtasis total, mientras conversaba con sus queridos seres espirituales.

¡Qué inspiración tan maravillosa! Imagina que confías tanto en el plan de Dios que, mientras más difíciles sean tus desafíos, más te acercas a él. Es natural sentir emociones tan humanas como incertidumbre, confusión e incluso frustración cuando los tiempos son complicados. Pero ¿qué pasaría si consideraras que los momentos de mayor dificultad son oportunidades de unión espiritual en lugar de contratiempos?

La confianza absoluta del Padre Pío en el Creador continuó incluso a pesar de que su salud empeorara. A los 31 años, el Padre Pío experimentó el primer episodio de los estigmas. Mientras escuchaba confesiones, la piel del Padre Pío comenzó a sangrar, le salieron moretones y sentía dolor sin que hubiera razón aparente. Pronto fue evidente para el Padre Pío que las heridas correspondían exactamente a las marcas de la crucifixión de Jesús. Después de ese primer incidente, los episodios de estigmas continuaron durante el resto de su vida, ¡50 años más!

Cada vez que el Padre Pío experimentaba los estigmas, los espectadores se daban cuenta de que las heridas sangrantes desprendían un aroma dulce y floral, y nunca se infectaron. Los médicos, incluso médicos expertos escépticos, examinaron las marcas y no pudieron encontrar una explicación razonable.

Incluso cuando el Padre Pío comenzaba a destacar como autoridad espiritual, también ofreció inspiración a los italianos que sufrían ruina económica después de la Primera Guerra Mundial. Sus muchos dones inexplicables (desde sus visiones hasta sus levitaciones) sus habilidades aún más fantásticas, como la bilocación, la profecía y la resistencia a largos periodos sin comida ni descanso, sirvieron como un faro de esperanza durante un periodo muy oscuro.

Durante una serie de investigaciones oficiales, tanto antes como después de su muerte, la legitimidad de los talentos y habilidades de san Padre Pío fue razonablemente confirmada. En 1999, el Padre Pío fue beatificado y el papa Juan Pablo II lo canonizó en 2002.

La simplicidad de las enseñanzas del Padre Pío tiene un atractivo universal. Fiel a sus raíces franciscanas, enfatizaba la belleza de la naturaleza, los peligros del materialismo y el gozo de dar. Esas lecciones permanecen igual de frescas en el presente, ¡por supuesto! El Padre Pío siempre enfatizó que la verdadera iluminación proviene de buscar conocer a Dios, afirmar la fe a diario y esforzarse por la autosuperación constante.

El Padre Pío es el santo patrón de los voluntarios de la defensa civil, de los adolescentes, de las personas que se sienten estresadas y de las personas que experimentan un trastorno afectivo estacional. También es el santo patrón de Italia y Malta.

Fue sanador y ayudante durante toda su vida; reunió una lista de milagros reconocidos que involucran casos increíbles de curación y recuperación, incluyendo tumores e inflamaciones crónicas. En vida ayudó a muchos que sufrían un trauma físico o emocional; después de su muerte, en 1968, se le han atribuido curas aún más milagrosas.

Si buscas una orientación más general, san Padre Pío ofrece un poderoso recordatorio de que la actitud lo es todo. Nunca se supo que se quejara de sus muchas dolencias y, cuando se vio recibiendo más publicidad gracias a los dones que Dios le había dado, jamás intentó abusar de su posición ni enriquecerse por la atención que le daban. Dios le dio altibajos durante su larga vida, pero a pesar de todo, san Padre Pío siguió orando y nunca se preocupó.

San Patricio de Irlanda

Cuando experimentas una situación incómoda es normal que desarrolles una aversión por las condiciones que te llevaron a ella y evites volver a vivirlas. Pero san Patricio, el santo patrón de Irlanda, hizo justo lo contrario.

Patricio nació en el seno de una familia adinerada en el Reino Unido, en el siglo v; se sorprendió mucho cuando, un día que estaba en su casa, lo capturaron unos piratas irlandeses. ¡Tenía solo 16 años!

Como Patricio describió en su escrito *Confesión*, su cautiverio en Irlanda le cambió la vida. Los captores de Patricio lo obligaron a trabajar como pastor y él aprovechó los largos silencios de ese trabajo para meditar y crecer espiritualmente. Reflexionando sobre su periodo como prisionero en Irlanda, san Patricio pensó que Dios había mostrado misericordia por su juventud e ignorancia, y le había enviado una lección, aunque con rodeos, para que reconsiderara sus prioridades.

La siguiente fase de la vida de Patricio le enseñó el valor de confiar en Dios. Después de pasar seis años como pastor esclavo en Irlanda, una voz le dijo que pronto regresaría a casa y que viajaría por el mar.

Escuchar esta afirmación le dio a Patricio la confianza para huir de sus captores, así que, una noche viajó más de 300 kilómetros hasta que llegó a un puerto donde no conocía a nadie. Consiguió que le permitieran subirse a un barco, y después de un viaje de tres días, se encontró de nuevo en las costas de Gran Bretaña.

Una vez que Patricio regresó a su país de origen, todavía le quedaba un largo camino por recorrer. El barco en el que viajaba se había quedado sin suministros y se había desviado de su destino original. Entonces, Patricio y los demás pasajeros tuvieron que vagar y buscar alimento durante 28 días en un área lejana. Pronto, todos se desmayaban y deliraban de hambre.

Pero Patricio mantuvo la mente clara y el incidente le proporcionó una maravillosa oportunidad para probar la madurez y la paciencia que había aprendido de sus conversaciones con Dios. San Patricio instó a sus compañeros del barco a que se le unieran en oración por comida, y como estaban tan desesperados, todos aceptaron. Poco después, el grupo se encontró con una manada de jabalíes, un hecho milagroso que les dio la confianza (¡y las calorías!) para seguir.

Varios años más tarde, después de que Patricio se había readaptado a su vida en Gran Bretaña, comenzó a experimentar poderosos recuerdos de su cautiverio irlandés. Empezó a tener visiones de un hombre llamado Victorious que llevaba un montón de cartas en los brazos.

En esta visión, Victorious le entregó una carta a Patricio donde se leía: LA VOZ DE LOS IRLANDESES, en la parte superior. Cuando Patricio comenzó a leer la carta, empezó a escuchar una multitud de voces. Repetían al unísono: «Te rogamos, santo sirviente, que vengas a caminar entre nosotros».

¡Guau! ¿Alguna vez has experimentado un sueño o una visión tan vívida? Y no solo fueron los detalles los que hicieron que fuera así para Patricio, por supuesto; era una visión vívida

San Patricio de Irlanda

porque le decía exactamente quién necesitaba su ayuda, ¡y qué tenía que hacer!

De vuelta en Irlanda, Patricio se dedicó a bautizar a miles de personas, a ordenar sacerdotes y a realizar conversiones. Era un orador persuasivo y evocador; era famoso por usar un trébol de tres hojas para demostrar la idea de la Santísima Trinidad. De manera sorprendente, por su propia voluntad regresó al lugar de su temido cautiverio, pues había tenido una visión interna y sentido un impulso.

¡No descartes el poder de esas voces que dan instrucciones que escuchas en la mente! A veces, nuestra mente nos dice cosas que parecen sorprendentes, de la nada, ¡imposibles! Nos debemos a nosotros mismos escuchar a nuestra guía interior, ¡incluso aunque nos sorprenda o nos deje pasmados!

Cuando escuches un llamado o entiendas que se necesita tu ayuda, es posible que no siempre tengas la claridad de san Patricio. Pero imita su valor y sé sincero contigo mismo: los susurros silenciosos de tu espíritu pueden convertirse en gritos de gozo si es el momento adecuado y te sientes listo para actuar.

Los sermones memorables de san Patricio solían ir acompañados de milagros, lo que le ayudó en gran medida. Según la leyenda, liberó a Irlanda de todas las serpientes al expulsarlas al mar después de que lo molestaron durante un ayuno de 40 días.

En otro episodio, san Patricio golpeó su bastón contra el suelo mientras estaba predicando. La multitud se mostró tan escéptica que Patricio siguió golpeando con el bastón una y otra vez, hasta que se convirtió en un árbol. (¡Sin duda ese momento llamó la atención de la multitud!).

San Patricio es el santo patrón de Irlanda, Nigeria, Puerto Rico, Boston y otros lugares, así como de los barberos, de los herreros, de los ingenieros, de las personas excluidas, de los peluqueros, de los mineros y de los asistentes legales.

En el arte, san Patricio generalmente es representado con su túnica de obispo, con un arpa, un trébol o una cruz. A menudo se le representa dirigiendo serpientes delante de él o pisoteándolas.

San Pedro

Todos tenemos algunos «problemas» en el camino mientras buscamos el papel correcto para nosotros.

San Pedro se enfrentó a ese tipo de lucha. El «Apóstol de los Apóstoles», como se le llamaba, fue el primer papa y su influencia en el desarrollo de la Iglesia y la difusión del cristianismo fue masiva.

Pero incluso Pedro tenía dudas y fallas. San Pedro era pescador de oficio y le pusieron Simón al nacer. Un día, Simón, su hermano Andrés, y los hijos de Andrés: Zebedeo, Santiago y Juan, estaban en la orilla del lago Genesaret.

En la orilla había un gran grupo de personas, pues Jesucristo estaba predicando a una multitud cada vez mayor, y mientras el grupo se apretujaba contra él, se vio obligado a subir a un bote, que usó como podio improvisado para predicar.

Simón y Andrés eran dueños del bote y comenzaron a sentir curiosidad por Jesús. ¿Quién era ese hombre y por qué atraía a tanta gente? Mientras tanto, ambos tenían problemas para capturar una buena cantidad de peces.

Jesús hizo una sugerencia para abordar este problema. Les dijo a Simón y Andrés que echaran sus redes al agua y las sacaran. Los hermanos se sorprendieron: ¡no solían pescar de esa manera! Pero pensaron que no había nada malo en seguirle la corriente a ese hombre, por lo que arrojaron sus redes al agua.

Cuando Simón y Andrés sacaron las redes, estas estaban tan llenas de peces que tuvieron que descargar algunos en un bote que pasaba, y aun así, ambos botes estaban tan cargados que apenas podían flotar.

Simón comenzó a sentirse avergonzado, frustrado, porque sus intentos anteriores no habían sido tan exitosos para atrapar peces. Se sintió deshonesto por seguir el consejo de Jesús y disfrutar de los frutos de la idea de otro hombre.

Jesús puso fin a esos sentimientos de inmediato. Mostró a Simón una visión más amplia al decirle que ahora él cambiaría su ocupación como pescador para convertirse en «pescador de hombres».

Jesús orientó a Simón cuando le cambió el nombre a Pedro. Cuando discutían la visión de Jesús para el ministerio de su apóstol, Jesús elogiaba su fe diciéndole que él sería la roca sobre la cual se edificaría toda su Iglesia. Y Jesús lo llamó «Pedro», de la palabra griega que significa roca.

A pesar de su rica historia como simpatizantes y colaboradores mutuos, san Pedro negó a Jesús en tres ocasiones, incluso después de que presenció cuando Jesús caminó sobre el agua y se quedó al lado de Jesús durante los viajes y las enseñanzas de su vida milagrosa. Durante la Última Cena, Jesús predijo lo siguiente: le dijo a Pedro que lo negaría tres veces antes de que el gallo cantara por segunda vez.

Efectivamente, San Pedro hizo lo que Jesús había predicho, negó que había estado con Jesús cuando un sirviente le preguntó, de nuevo cuando el mismo sirviente le dijo a los transeúntes que Pedro era un discípulo de Jesús, y una vez más cuando alguien escuchó el acento de Pedro y le preguntó si era seguidor de Jesús.

¿Qué puede justificar esos momentos de debilidad? No es que san Pedro se hubiera equivocado una vez, sino que negó a Jesús tres veces, en diferentes ocasiones ¡e incluso después de que se le hubiera dicho explícitamente que lo haría!

Tan solo somos humanos y las emociones como el miedo, la confusión y la autoconservación son naturales. San Pedro sintió otra emoción muy humana después de sus negaciones y de la crucifixión de Jesús: culpa.

La leyenda no verificada dice que, cuando el emperador Nerón lo condenó a muerte, en el año 64 d. C., san Pedro estaba tan lleno de culpa por haber negado a Jesús que se rehusó a ser ejecutado de la misma manera. La leyenda dice que san Pedro fue crucificado con la cabeza hacia abajo, una imagen que ha perdurado en el arte y el simbolismo.

Mantente firme en tus relaciones y valora a tus mentores y amigos. Sin embargo, cuando dudes de cosas turbias, ¡no temas! No hay necesidad de castigarte.

Esta es una sensación con la que podemos identificarnos. ¿Alguna vez has luchado por hacer algo a tu manera, solo para recibir el consejo aparentemente contradictorio de otra persona? Es posible que te resistieras a seguir el consejo, pero quizá lo hayas seguido al final. ¿Funcionó? ¿Cómo te hizo sentir? ¡Como si hubieras estado golpeándote la cabeza contra la pared durante mucho tiempo, tratando de encontrar una solución, solo para que alguien pasara por casualidad y lo hiciera bien!

Así fue como se sintió Simón ¡pero Jesús le dio un discurso para animarlo! ¿No es maravilloso que quienes mejor nos conocen nos den un «voto de confianza»? Cuando escuches palabras amables, ¡no te subestimes! Tómate un momento para valorar el amor que los demás te muestran a través de su fe en ti. ¡Eres una pieza fundamental en los planes de alguien! Nuestras relaciones son la suma de nuestros mejores momentos, no de nuestros malos momentos, que son temporales.

San Pedro es el santo patrón de los papas, de los gallos, de los panaderos, de los carniceros, de los constructores de puentes, de los pescadores, de los cosechadores, de los relojeros, de los cerrajeros, de los zapateros, de los carpinteros y de los dependientes de papelerías.

Santa Rita de Casia

¿Has tenido un día en los que todo sale mal? Esos días que son tan malos que te ríes y preguntas, *¿por qué no puedo tener un descanso?*

Los altibajos de la vida nos ayudan a recordar lo bendecidos que somos. Los altibajos nos dan perspectiva.

Por más malo que haya sido tu peor día, ojalá no se pareciera a la serie de infortunios que sufrió santa Rita de Casia durante una vida llena de dificultades, incertidumbre y abuso. Sin embargo, cada prueba que soportó solo la hizo estar más segura de su fe y más firme en su devoción.

Santa Rita de Casia se llamaba Margherita Lotti; nació en Italia a finales del siglo XIV. Su padre y su madre, Antonio Lotti y Amata Ferri, eran de buena cuna y caritativos. Si bien la familia no era expresamente religiosa, la pasión de sus padres por el servicio y el voluntariado tuvo un fuerte impacto en Rita.

Desde temprana edad, Rita se interesó en seguir una vida espiritual, pero sus padres se opusieron a las realidades prácticas de dicho plan. El matrimonio era «lo que había que hacer» en su época y sociedad; las opciones menos tradicionales, como unirse a un convento de monjas no le sentaron bien a Antonio y Amata.

Los padres de Rita la casaron con un noble llamado Paolo Mancini, que era un buen partido, en teoría. Pero el temperamento de Paolo, combinado con la completa falta de interés de Rita en estar casada, hizo que la unión fuera tumultuosa. (¡Sin mencionar el hecho de que solo tenía doce años cuando se casó!).

Durante un matrimonio de 18 años, Paolo engañó a Rita y abusó verbal y físicamente de ella. Pero ella trataba a su marido con amabilidad, paciencia y comprensión, y con su ejemplo, lo convirtió en un hombre más amable y bueno. Tuvieron dos hijos, Giangiacomo Antonio y Paolo María, que fueron criados como cristianos.

El esposo de Rita se ablandó mucho con el tiempo, como resultado directo de la gran influencia de Rita. Pero por desgracia, ¡la «suavidad» de Paolo causó indirectamente que lo mataran! Cuando Paolo y Rita se casaron, la familia de él estuvo involucrada en una amarga disputa familiar llamada la *Vendetta*.

Durante casi dos décadas, Rita le enseño a Paolo cómo superar la disputa y progresar hacia el amor y la aceptación. Paolo lo hizo, pero nadie más involucrado en la disputa compartió esta opinión. Como resultado, Paolo fue traicionado por aquellos en quienes había confiado ingenuamente y fue asesinado a puñaladas.

Años más tarde, la tragedia siguió a Rita cuando sus dos hijos murieron de disentería. La destrozada madre intentó entrar al monasterio de santa María Magdalena en Casia: siempre había deseado una vida religiosa y ese trágico momento le ofreció una oportunidad única para seguir su llamado.

Por desgracia, el monasterio se negó a aceptar a Rita debido a que no era virgen. Las monjas también citaron el escándalo de la violenta muerte de su esposo, lo cual creían que llevaría el tipo equivocado de atención a su callada orden religiosa.

Rita no abandonó su sueño tan fácilmente. Continuó haciendo campaña en el monasterio hasta que cedieron, pero con

Santa Rita de Casia

una condición. Rita tendría que lograr la tarea aparentemente imposible de asegurar la paz entre las familias enfrentadas.

Al igual que en todos los momentos de tormento o problemas, Rita oró para pedir ayuda y se llegó a una tregua. El monasterio cedió y, por fin, la viuda de 36 años se convirtió en monja.

Aunque había amado y sufrido pérdidas, además de que soportó grandes pruebas y tristeza a una edad relativamente joven, santa Rita nunca fue más feliz que cuando formó parte de una vida dedicada a la práctica religiosa. Varios milagros ocurrieron mientras ella estaba en el monasterio.

Cuando tenía alrededor de 60 años, Rita notó que tenía un pequeño bulto en la frente, que parecía atravesar su piel, como si fuera una «espina» de la corona de Cristo. Esa marca permaneció durante los siguientes quince años de su vida; era un signo de su profunda conexión y devoción a Cristo.

Al final de su vida, Rita estaba postrada en su cama en el convento cuando ocurrió otro milagro. Un primo visitó a la anciana monja y le preguntó si quería que le llevara algo. Rita dijo que quería una rosa del jardín. Era enero y la tierra estaba congelada, pero cuando el primo regresó a su casa, encontró una sola rosa en flor y se la llevó. Esta es la razón por la que a menudo Rita es representada sosteniendo rosas o parada entre flores.

Santa Rita de Casia es la patrona del honor familiar y de los matrimonios difíciles. Parece que santa Rita es la encarnación del viejo dicho, «¡si la vida te da limones, haz limonada!». Parece que no hubo ninguna situación en su vida que resultara como ella deseaba en un inicio. Y parece que tampoco hubo ninguna situación que no hubiera mejorado con su profunda fe y paciente caridad.

Cuando visualizas tu vida, seguramente no pides dificultades. Pero cuando recuerdes el valiente ejemplo de santa Rita de Casia, alégrate; aunque el sufrimiento no es agradable, es la forma más segura de hacer que nuestra fe crezca y que mejoremos.

San Sebastián

Todos nos enfrentamos a desafíos emocionales cada día. Tal vez nos sentimos «acosados», como si nadie entendiera de dónde venimos o qué tenemos que ofrecer. Tal vez sentimos que nuestras bendiciones y nuestras pasiones no son realmente valoradas en el entorno en el que nos encontramos.

Piensa en un momento en el que te hayas esforzado al máximo para cumplir con tus obligaciones, pero fuiste «castigado» por tus buenas obras. Como sea que te hayas sentido en esa situación, ¡no lo interiorices! Tu valía y tu poder se extienden mucho más allá de las «flechas y piedras» a las que puedas enfrentarte.

Nada demuestra la idea de un ataque penetrante con mayor claridad que la historia de san Sebastián. Aunque su nombre no te sea familiar es posible que hayas visto su memorable imagen en el arte: ¡Él es el santo que suele aparecer atravesado por flechas, como un alfiletero!

¡Y lo sorprendente es que no murió en ese episodio de su vida! Si te sientes desanimado, piensa en ese hecho improbable.

Sebastián nació a mediados del siglo III, en Roma. Era un hombre sano y bien educado, y se unió al ejército romano. Era un elemento valioso gracias a su excelente condición atlética y a su personalidad prudente. Rápidamente ascendió al rango de capitán de la Guardia Pretoriana.

Pero san Sebastián tenía un secreto: servía al placer del emperador Diocleciano, un líder famoso por perseguir a los cristianos, aunque él mismo era extremadamente devoto.

San Sebastián hizo todo lo que pudo para seguir haciendo su trabajo y, al mismo tiempo, mantenerse fiel a sus creencias espirituales. Una de las principales tareas que realizaba para el emperador era atrapar a los cristianos y enviarlos a prisión. En lugar de enfocarse en localizar cristianos, Sebastián aprovechaba sus rondas para encontrar a los no creyentes y luego les hablaba sobre el amor de Dios. Muchos se convirtieron en el mismo lugar.

Hacia el año 286, las buenas obras de Sebastián se voltearon en su contra: el emperador Diocleciano lo mandó llamar a la corte y le dijo que se sentía «traicionado» por las secretas misiones de conversión de su capitán. Como castigo, llevaron a Sebastián a un campo abierto y lo ataron a un poste, donde invitaron a los arqueros a que lo usaran para practicar tiro al blanco.

Esa noche, después de que los crueles arqueros dieron por muerto al terriblemente herido san Sebastián, se alejaron del campo y lo dejaron ahí. Sin embargo, ¡se llevaron una gran sorpresa! Una mujer, Irene de Roma, fue enviada al día siguiente para recuperar el cadáver de san Sebastián y prepararlo para el entierro, pero para su asombro y desconcierto, descubrió que Sebastián aún seguía con vida.

Y no era solo su cuerpo el que estaba vivo. Sorprendentemente, después de esa terrible prueba, la creencia de Sebastián en luchar por el bien también estaba intacta. Después de que lo desataron, no tardó en ir a buscar al emperador Diocleciano. Quería enfrentarse a su torturador, ¡aunque su torturador fuera el hombre más poderoso del Imperio romano!

Diocleciano aceptó dar una audiencia a Sebastián (quizá más por satisfacer su curiosidad morbosa que por cualquier otra cosa). Sebastián no se anduvo con rodeos: le dijo a Diocleciano lo equivocado que estaba por perseguir a los cristianos.

Además de su asombro por el hecho de que Sebastián no había muerto, Diocleciano se sorprendió, por decir lo menos, por su fe inquebrantable. Pero una vez que se recuperó de la impresión, ordenó a sus secuaces que terminaran el trabajo: Sebastián fue golpeado con garrotes hasta que murió y lo lanzaron a una alcantarilla.

La fortaleza física y la resistencia de san Sebastián solo se compararán con su valor mental y pureza moral.

¿Necesitas ayuda en una situación en la que sientes una fuerte oposición? Esta notable historia es una gran inspiración para todos aquellos que deben enfrentar grandes obstáculos. Él es el santo patrón de los soldados, de los arqueros, de los cristianos muertos, de los atletas y de la peste.

¿Puedes recordar un momento en el que, como san Sebastián, hayas sido llamado para hacer un trabajo importante, pero las exigencias de tu tarea requerían que cooperaras con personas con las que estás en desacuerdo? Es algo muy común, ya sea en grupos sociales, familiares o laborales. Tu pasión y la fuerza de tus convicciones harán que salgas victorioso.

Si bien es justo decir que nosotros no hemos sido utilizados como objetivos de tiro al blanco (¡gracias a Dios!), sí podemos identificarnos con la sensación de estar bajo sospecha y ataque. Piensa en un momento en el que hayas hecho todo lo que podías por ser una fuerza para el bien, ¡pero sentiste que solo obtuviste un contraataque como respuesta! Suelta cualquier sentimiento negativo sobre ese momento difícil. Y piensa en el poder del ejemplo de san Sebastián. Él nos recuerda que podemos encontrarnos con los obstáculos más difíciles cuando tratamos de ser una fuerza para el bien. ¡No dejes que esas flechas te detengan!

Porque cuando estás en el camino correcto y estás seguro de la importancia de tu misión, las flechas que parece que el mundo te dispara en realidad solo son indicaciones de dirección. Las armas de ataque que tus detractores te lanzan, de hecho, están apuntando hacia la gran luz y al poder que vienen de tu interior, y son inmunes a los ataques externos.

Santa Teresa de Jesús

¿Cómo pretendemos hacer algo cuando las distracciones mundanas nos rodean? ¡Incluso una persona de gran disciplina espiritual y concentración sobrehumana no podría evitar distraerse con el «ruido» del mundo exterior!

Pero como verás en la historia de santa Teresa de Ávila (mística española, monja carmelita y autora académica de la Reforma) es posible amasar grandes logros y hacer obras extraordinarias y poderosas para proteger la santidad de tu práctica espiritual.

Nació en Ávila, España, en 1515; Teresa provenía de una familia que ya había sido objeto de persecución religiosa. Sus abuelos eran judíos conversos al cristianismo, que habían sido interrogados y condenados durante la Inquisición española. Debido a estos antecedentes, sus padres estaban muy conscientes de la necesidad de unirse durante los tumultuosos tiempos políticos, y al mismo tiempo, de difundir el amor y la luz de sus creencias religiosas tan arraigadas.

Teresa desarrolló una temprana fascinación por los santos y el martirio. En su entorno escuchaba historias de las dificultades que habían sufrido los visionarios religiosos solo por defender sus creencias. Ella comenzó a sentir la responsabilidad de manifestarse en su propio tiempo.

Cuando Teresa tenía catorce años, su madre falleció repentinamente. El dolor hizo que buscara un significado más profundo y consuelo en su espiritualidad. Adoptó a la Virgen María como una especie de madre sustituta y fue enviada con las monjas agustinas en Ávila para recibir educación.

Su estancia en el monasterio la llevó a una reflexión aún mayor y a un despertar espiritual. Mientras leía un trabajo devocional llamado *Tercer abecedario espiritual*, Teresa siguió experimentando episodios de éxtasis religioso extremo. Estos episodios surgieron de su amor por la meditación y la contemplación, y según el relato de Teresa, culminaron en una unión perfecta con Dios, durante la cual recibió una «bendición de lágrimas».

En 1599, Teresa reportó una visión del mismo Jesucristo y dijo que esas visitas espirituales continuaron todos los días durante dos años. En otra ocasión, ¡un ángel descendió hacia ella y le atravesó el corazón con una flecha dorada! Esto la inspiró a seguir buscando la angustia y el sufrimiento con la esperanza de acercarse a lo divino.

Al ingresar a un monasterio carmelita, en 1535, Teresa miró a su alrededor y se sintió consternada. Con sus antecedentes de visiones divinas y con todo el tiempo que había dedicado a conversar con Dios y a reflexionar sobre él, se sintió muy decepcionada por lo mundano de la vida monástica.

Por ejemplo, la práctica de la clausura (que significa que las monjas debían permanecer separadas del mundo exterior) se hacía cumplir de una manera errática y fortuita en su monasterio. Los grandes políticos y otros personajes seculares entraban continuamente al monasterio, motivados por un deseo de socializar y pasar el rato, más que de entender lo divino.

Y entonces Teresa comenzó una campaña de reforma que terminó revolucionando todo su mundo. Con el respaldo de un amigo adinerado, creó un nuevo convento carmelita. Este nuevo convento sería un refugio en cierto modo, donde la laxitud de su antiguo monasterio sería abordado y corregido. Teresa reforzó el ejercicio de la clausura y anunció una regla de pobreza absoluta en el convento.

Santa Teresa era pensadora y sensible a todo su entorno. Es la santa patrona de los fabricantes de encajes, de los ajedrecistas; de las personas necesitadas de gracia, de los enfermos y de aquellos ridiculizados por su piedad.

Si alguna vez sientes que tienes que hacer contribuciones valiosas a un sistema con defectos, entonces Teresa de Ávila es la santa a quien debes recurrir. Como visionaria y mística, fue hábil para ver el potencial en el futuro, no las limitaciones del presente.

Si tus metas son creativas e innovadoras, entonces quizá encuentres una sorprendente resistencia y negativas, al igual que Teresa. Las ideas más grandes y más revolucionarias pueden parecer disparatadas hasta el momento en que se ponen en marcha, y entonces parece que son las más lógicas y naturales del mundo.

Santa Teresa de Lisieux

Calidad sobre cantidad.
Ese era el lema principal en la vida y la filosofía de santa Teresa de Lisieux, también conocida como la Pequeña Flor, una de las santas más conocidas y populares del canon.

¿Qué tenía de inspirador esta joven, que pasó menos de una década involucrada en el trabajo religioso formal? Su espíritu y sus acciones (como se reflejan de manera vívida en su autobiografía publicada después de su muerte, *La historia de un alma*) ofrecen un mensaje completamente universal.

«Mi camino es todo confianza y amor». Ese es el espíritu de Teresa en una oración. La frase proviene de *La historia de un alma*, compilada a partir de anotaciones de su diario, cartas y notas. La autobiografía se publicó de forma discreta en 1898, un año después de la muerte de Teresa, a los 24 años.

Teresa nació en 1873 en Lisieux, Francia; fue hija de un padre relojero y una madre que hacía encajes. La pareja tuvo nueve hijos, aunque solo cinco vivieron hasta la edad adulta. Teresa era la más joven de sus hermanas, y en sus primeros años fue una niña muy consentida.

Su madre murió de forma repentina cuando Teresa tenía solo cuatro años y la familia se volvió más cercana cuando todos los hermanos y su padre se unieron para llegar a fin de mes. La hermana mayor de Teresa, Pauline, se convirtió en una especie de madre sustituta, infundiendo en Teresita un profundo amor por la religión. Pauline leía historias religiosas a sus hermanos y se aseguraba de que fueran educados en asuntos espirituales. Varios años después, cuando Pauline se fue para unirse a un convento carmelita, Teresa, de nueve años, admiraba abiertamente a su hermana y declaró que tenía planes de seguir el camino de Pauline.

Pero había un pequeño problema: Teresa era temperamental y sensible a los desaires. Después de haber sido tratada como la «bebé», Teresa tenía problemas para sentir empatía por los demás. Esto se manifestaba en forma de berrinches, gritos y llantos cuando se daba cuenta de que la estaban criticando.

Teresa acudió a Jesús en busca de ayuda por sus arrebatos emocionales. Sabía cuál era su objetivo y por qué aún no lo había logrado, pero no podía dar el último paso y mejorar su propio comportamiento. ¡Se sintió todavía más frustrada cuando se dio cuenta de que ella misma era su peor enemiga!

Las oraciones de Teresa fueron escuchadas cuando tenía catorce años. Siguiendo una arraigada tradición familiar, las hermanas de Teresa dejaban regalos en sus zapatos cada mañana de Navidad. Era un ritual que había comenzado cuando Teresa era bebé, pero el padre de Teresa sintió que a los catorce años ya estaba grande como para seguirlo haciendo. Más importante aún, sospechaba (y con razón) que toda la atención estaba haciendo que Teresa fuera un poco caprichosa y egocéntrica.

El día de Navidad de 1886, el padre de Teresa vio los regalos en los zapatos para Teresa y gritó de frustración. Todos esperaban que Teresa respondiera gritando o que se pusiera a llorar, pero no lo hizo. Así nada más, el «cambio» por el que Teresa había orado llegó a su corazón. Fue como un rayo y comprendió al instante por qué su padre estaba frustrado. Aunque sentía emoción y expectación por los regalos, de repente se dio cuenta de que sus propios sentimientos no necesariamente eran universales y de que tenía el deber de considerar el bienestar de los demás.

Por primera vez en su joven vida permaneció tranquila y madura durante el episodio. Al describir el incidente en su diario (y, más tarde, su autobiografía), Teresa llamó a este momento «La noche de mi conversión», después de lo cual su camino divino estaba firmemente delimitado. Cuando llegó el día de Navidad del año siguiente, el debate sobre los regalos en los zapatos era irrelevante; Teresa se había mudado de la casa y se había unido a un convento carmelita.

Seis años después de que comenzara su estancia en el Carmelo de Lisieux, Teresa sintió como si hubiera chocado contra la pared. Había ingresado con grandes ambiciones: quería ser una santa. Pero al evaluar su propio corazón día tras día, se sentía pequeña e insignificante. Ella no era del tipo de persona para exhibir ni que realiza impresionantes hazañas milagrosas.

Además, luchó para cumplir consistentemente incluso con los componentes mentales de su búsqueda. Desde la conversión completa, sus arrebatos se habían reducido de manera drástica, pero no habían sido eliminados. Teresa reconoció que no era perfecta. Era muy humana. Y comenzaba a sentirse profundamente desanimada.

Fue entonces cuando descubrió dos pasajes de la Biblia que la inspiraron. El primero fue Proverbios 9:4, que dice: «El que sea incauto, que venga aquí». El segundo fue Isaías 66:12-13 (RVR), que dice: «...y mamaréis, y sobre las caderas seréis llevados, y sobre las rodillas seréis consolados. Como aquel a quien consuela su madre, así os consolaré yo a vosotros».

¡Ahí estaba su respuesta! Teresa interpretó estos extractos como una confirmación de que las obras pequeñas pueden sumar y formar algo enorme. Al escribir en su diario sobre su filosofía recién descubierta, Teresa descubrió que cualquiera puede realizar tales obras pequeñas. La grandeza viene del corazón.

A santa Teresa se le atribuyen al menos dos curas milagrosas: ayudar a una mujer de Saint Germain a sanar de úlceras estomacales letales en 1913 y a liberar a un joven seminarista de una tuberculosis pulmonar avanzada.

Santa Teresita es la santa patrona de los jardines del Vaticano, de los enfermos de VIH/SIDA y de tuberculosis; de los misioneros, de Alaska, de Francia, de los floristas y de los huérfanos. Sus atributos incluyen rosas, el crucifijo y su hábito carmelita tradicional.

¿Alguna vez has dudado de tu capacidad para dejar huella? ¿Te has sentido insignificante y pequeño? ¡Anímate! Santa Teresa es un maravilloso modelo cuando sientes que tu fe vacila o temes que tus mejores esfuerzos no serán suficiente. Te ofrece un recordatorio de que, cuando tu corazón le pertenece a Jesús, eres mucho más poderoso de lo que crees. Comparó pequeños actos de amor y devoción con «pequeñas flores». Las flores más pequeñas pueden alegrar incluso hasta el campo más grande.

Santo Tomás de Aquino

«¡Sé razonable!».

¿Eres un pensador? ¿Tienes una mente analítica? Si alguna vez le has dicho a alguien que «sea razonable», entonces estás capturando la esencia de la búsqueda de santo Tomás de Aquino. Fue un santo muy influyente del siglo XIII que amaba tanto aprender como enseñar. A través de su pasión por la filosofía, la teología y lo académico, abrazó el poder de la lógica. Era famoso por decir que la razón se encuentra en Dios.

Desde temprana edad, Tomás de Aquino mostró su amor por dar a las cosas su debida consideración. Nació en el seno de una familia adinerada en la Sicilia medieval y se esperaba que Tomás de Aquino siguiera el camino de abad de su tío. Cuando tenía cinco años, Tomás comenzó a estudiar en la abadía de Montecasino.

Pero su educación se vio afectada cuando un conflicto militar entre el emperador Federico II y el papa Gregorio IX rompió la paz de la abadía, lo que obligó a los padres de Tomás a trasladarlo a otra escuela.

En la nueva escuela, Tomás estudió a los grandes filósofos; Aristóteles, Averroes y Maimónides. Y en este nuevo entorno se dio cuenta de que quería perseguir el pensamiento filosófico.

Hubo otro evento clave que sucedió en la nueva escuela de Tomás: el joven estudiante conoció a un predicador llamado Juan de San Juliano, reclutador activo de una nueva orden dominicana. Tomás estaba intrigado, por lo que Juan de San Juliano le contó sobre los dominicos, pero sabía que sus padres tenían planes específicos para él y que no eran compatibles con las cosas maravillosas que escuchaba del predicador.

A los 19 años, Tomás se cortó el cordón umbilical, por así decirlo. Reveló a sus padres su nuevo plan: no quería seguir el camino de su tío para convertirse en abad. Más bien, quería unirse a la nueva orden dominicana.

La noticia no le cayó nada bien a la familia de Tomás. ¿Quién podría culparlos? Habían depositado tantas esperanzas en Tomás y en los planes que tenían para el resto de su vida. Ellos, igual que cualquier padre, solo querían lo mejor para su hijo. Pero a pesar de que respetaba los deseos de sus padres, Tomás escuchó un fuerte llamado y no podía ignorarlo.

Cuando Tomás partió a París para unirse a los dominicanos, sus padres lo interceptaron y lo llevaron a casa por la fuerza. Lo mantuvieron contra su voluntad en el castillo de la familia, con la esperanza de que el tiempo y el cautiverio lo hicieran cambiar de opinión sobre sus planes.

Después de dos años de cautiverio, la familia de Tomás había perdido la esperanza cuando se dio cuenta de que su voluntad no sería doblegada. Incluso sus hermanos contrataron a una prostituta para tratar de seducirlo y alejarlo de su camino de celibato, pero Tomás alejó a la mujer con un hierro de la chimenea.

Cuando fue evidente que era imposible cambiar los planes de Tomás, sus padres decidieron dejarlo salir del castillo para que se uniera a los dominicanos. Sin embargo, su madre no quería pasar la vergüenza de tener que explicar que había encerrado a su hijo durante años, solo para ceder al final y enviarlo a la orden dominicana en contra de los deseos de la familia. Así que hizo los arreglos necesarios para que Tomás huyera del castillo (con su ayuda) al amparo de la noche, y así, todos pudieran guardar las apariencias.

Después de unirse por fin a la orden dominicana, santo Tomás comenzó una carrera altamente productiva como maestro, filósofo y escritor de obras religiosas. Era un hombre de pocas palabras. De hecho, hablaba tan poco que sus compañeros en el monasterio pensaban que era retrasado mental. Pero el erudito dominico Alberto Magno dijo lo siguiente sobre él: «Lo llaman tarado, pero un día, su enseñanza producirá un estruendo tal, que se escuchará en todo el mundo».

¡Cuán verdadera era esta declaración! Incluso aunque no seas seguidor o admirador de santo Tomás de Aquino y sus escritos, todos nos hemos beneficiado del amor a la investigación y al debate que promovió a través de sus obras. Es el santo patrón de los estudiantes, de los apologistas, de los vendedores de libros, de las escuelas, de la castidad, del aprendizaje, de los fabricantes de lápices, de los filósofos y de los editores.

Aunque ya no seas estudiante, en la vida siempre hay mucho que aprender. Nunca dejes de buscar nueva información y nuevos descubrimientos. Y no dudes en luchar por tu futuro. A pesar de que tus seres queridos al principio no estén de acuerdo con tu visión, la luz de tu interior es grandiosa. ¡La fuerza de tu pasión te llevará a tu objetivo!

Santo Tomás Moro

¿Alguna vez has idolatrado a alguien o algo y cambiaste de opinión cuando lo viste más de cerca?

¡Es un peligro común para las personas analíticas o «pensadores excesivos»! A veces, nuestras ilusiones se hacen añicos conforme maduramos y nos quitamos la «venda», y de repente vemos las fallas de nuestros héroes, o nuestros monarcas.

Este tema encaja bien con la vida de santo Tomás Moro. Era muy culto y un gran ejemplo del «hombre del Renacimiento». Tomás Moro fue abogado, filósofo, escritor, estadista y erudito entrenado en los siglos XV y XVI, en Inglaterra. Tenía conexiones políticas de élite derivadas de su educación, nobleza y ocupación. El rey Enrique VIII lo consideraba un confidente cercano, y valoraba su sensato análisis. Por desgracia, el intelecto de santo Tomás Moro y su lógica ocasionaron que el vengativo rey eventualmente lo sentenciara a muerte.

Tomás Moro era hijo de un juez de alto rango, *sir* Juan Moro, y su esposa, Agnes. Asistió a las mejores escuelas y, después de su educación, avanzó a pasos agigantados hacia una gran carrera al servicio de oficiales de altos cargos. Después de una temporada trabajando para el arzobispo de Canterbury, Tomás se fue a estudiar a Oxford. Su estancia en Oxford duró solo un par de años. A instancias de su padre, Tomás siguió una carrera como abogado y se mudó a Londres para estudiar Derecho.

En ese entonces, Londres era un lugar muy secular, como ahora. Sin embargo, el joven Tomás se vio explorando la religión cada vez más. Cuando estaba en la Facultad de Derecho, Tomás consideró seriamente abandonar la escuela y convertirse en monje. El dormitorio de su escuela estaba cerca de un monasterio cartujo y lo que más le gustaba a Tomás era unirse a los monjes durante sus ejercicios espirituales. Tenía un aprecio más bien intelectual por la disciplina y el estoicismo de los monjes.

En su adultez temprana, Tomás se convirtió en abogado, un representante elegido del Parlamento, y secretario y asesor personal del rey Enrique VIII. Fue en este último cargo donde vio una oportunidad de gran influencia.

Para Tomás, la causa más importante mientras servía en la corte del rey era la religión. La Reforma protestante estaba ganando terreno y Tomás era un purista que veía el movimiento como una amenaza para la estructura misma de la sociedad.

Eran tiempos difíciles en Inglaterra. La lucha religiosa se extendió por todo el país y, como empleado oficial del rey, Tomás se encontraba en una posición complicada. Fue llamado a recorrer una delicada línea diplomática, ¡por eso es considerado el santo patrón de los políticos y de los estadistas!

Su relación con el rey Enrique VIII comenzó a desmoronarse cuando el rey decidió divorciarse de su esposa, Catalina de Aragón. El rey se enfrentó a una pesadilla de relaciones públicas debido a sus planes de volver a casarse. Desilusionado por Enrique, Tomás se negó a ser sumiso; le parecía que la idea de volver a casarse era bastante desagradable e hipócrita.

Pero como cualquiera en esa época, Tomás sabía lo que significaba hablar en contra del rey. No se podía desafiar al hombre más poderoso de Inglaterra y vivir para contarlo.

De hecho, santo Tomás Moro fue arrestado por traición y recluido en la Torre de Londres. Mientras estuvo prisionero escribió su devocional *Diálogo de la fortaleza contra la tribulación*. Después de un juicio breve y una deliberación del jurado aún más breve (solo quince minutos) santo Tomás Moro fue encontrado culpable y sentenciado a muerte.

Como nos muestra la inspiradora vida de Tomás Moro, nos debemos a nosotros mismos pensar a conciencia sobre nuestro camino y nuestras elecciones. Piensa en un momento en que te hayas sentido atrapado entre dos fuegos. Estar en el medio es el lugar más incómodo. ¡A veces sientes como si dos equipos estuvieran jalando los extremos de una cuerda y tú eres la cuerda! Es aún peor cuando uno de los lados que te jala es tu jefe y soberano, como fue el caso de santo Tomás Moro. Sin embargo, él no eligió el camino de la menor resistencia y tú tampoco deberías hacerlo.

La próxima vez que estés luchando por decir algo importante, no te desanimes. Piensa en santo Tomás Moro (el santo patrón de los niños adoptados, de los funcionarios públicos, de los secretarios judiciales, de los matrimonios difíciles, de las familias numerosas, de los abogados, de los viudos y de los padrastros) y recordarás que, aunque el riesgo sea alto y la tarea sea difícil, ¡siempre es importante expresar lo que piensas!

San Valentín

¿En tu vida hay personas con las que nunca pensaste que tendrías una amistad? Diversificar tu círculo cercano te ayuda a obtener la perspectiva que tanto necesitas. ¡Y tus amigos también obtienen una valiosa perspectiva de ti! Nuestra vida se enriquece por medio de las relaciones con personas a las que, de otro modo, nunca nos habríamos sentido atraídos o que tienen creencias diferentes a las nuestras.

Ese fue el caso de san Valentín, uno de los mártires romanos más conocidos, que nació y fue ejecutado en el siglo III. Si bien, los detalles de su vida son inciertos, ha sido representado con frecuencia en leyendas y obras de arte, y está estrechamente relacionado con el amor romántico (y con un día que mucha gente celebra). Si alguna vez has regalado dulces o flores el catorce de febrero, a lo mejor tuviste un pensamiento pasajero sobre san Valentín. Pero ¿cómo se relaciona su vida con nuestra creencia sobre el amor?

Según la historia más popular, san Valentín era un sacerdote romano. Vivía en una sociedad que se consideraba muy moderna, pero que también era pagana. En su trabajo y gracias a su estatus social, san Valentín conocía a muchos altos cargos y siempre aprovechó esas oportunidades para compartir sus creencias sobre el cristianismo y para tratar de difundir la luz de la espiritualidad a los paganos romanos.

Eventualmente, el juez Asterio arrestó a Valentín por su predicación. Los dos comenzaron a discutir sobre el cristianismo hasta que el juez se quedó intrigado. Pero quería pruebas de todas las cosas maravillosas de las que hablaba san Valentín.

El juez llevó a su hija ciega, Julia, ante san Valentín. El santo, que era un hombre bondadoso y empático, estableció una tierna amistad con Julia. Él habló con ella y escuchó sus historias. Un día, cuando san Valentín deseaba dejarle una nota amable a Julia, escribió en un trozo de papel, se lo entregó y le tocó los ojos. Gracias al poder de su bondad, y al deseo de Julia de ver la nota de su amigo, ¡recuperó la visión de manera permanente!

Para san Valentín fue un gran momento. A causa de este incidente, el juez estaba ansioso por escuchar sus enseñanzas. ¡Estaba listo para aprender!

Entonces, san Valentín le dijo al juez que debía destruir todos los ídolos paganos que tuviera en su casa, ayunar durante tres días y luego someterse al bautismo. Cuando el juez cumplió con esta petición, hubo un impacto positivo adicional: ahora que se había convertido, sentía empatía por todos los cristianos a quienes había perseguido y liberó a los prisioneros religiosos que estaban bajo su autoridad.

¡Eso se llama usar el impulso a tu favor! Este fue uno de los muchos actos heroicos que san Valentín logró durante su corta, pero agitada vida.

Debido a que san Valentín vivió en un tiempo de gran hostilidad hacia los cristianos, no estaba fuera de peligro solo por haber convertido al juez. Siguió comunicando su amor por Cristo por toda Roma y fue arrestado una vez más por ese crimen.

Esta vez, la suerte de san Valentín no lo siguió; fue arrestado por el emperador mismo, Claudio el Gótico, y el emperador no estaba tan abierto a la conversión. Le dijo a san Valentín que tenía dos opciones: renunciar a su cristianismo, o ser golpeado y asesinado.

Puesto que san Valentín se rehusó a tomar la primera opción, fue ejecutado por orden del emperador.

Si estás preguntándote cómo fue que un santo mártir se relacionó con la festividad más romántica, la leyenda dice que lo que más le gustaba a san Valentín era casar parejas jóvenes. El matrimonio era una de las instituciones sagradas en el cristianismo, pero los paganos no compartían dicha opinión. Al promover las uniones matrimoniales, san Valentín extendía poco a poco su mensaje de cristianismo y amor sagrado.

Piensa en una ocasión en la que, al igual que san Valentín, hayas demostrado que quienes no te creyeron estaban equivocados. Es tan humano pensar ¡*te lo dije!* o sentir orgullo en ese momento. Pero más allá de ese impulso natural, ¿cómo aprovechaste esa situación para seguir adelante con tu trabajo?

Además de su espectacular y conocido milagro de ayudar a una mujer ciega a ver, a Valentín se le acredita haber ayudado a muchos otros. Es el santo patrón de las parejas comprometidas, de los apicultores, de los matrimonios felices, del amor, de los afectados por plagas y de los epilépticos.

San Valentín suele ser representado con pájaros y rosas, o en presencia de niños lisiados o epilépticos. A veces, se le muestra en los momentos más famosos de su vida, enseñando a sus compatriotas a dejar de adorar ídolos o devolviendo la vista a una joven. A veces, se muestra casando parejas jóvenes. Las bodas eran una parte clave de la estrategia de conversión de san Valentín: era una «venta sutil» a través de la cual podía exponer a las personas al asombroso poder del amor.

San Valentín mostró a los romanos que el amor por nuestros semejantes brota de la misma fuente que nuestro amor por Dios. ¡Piensa en él la próxima vez que disfrutes de un chocolate en forma de corazón en el día de san Valentín!

Honrando a los santos y a los ángeles y orando a Dios

Con respecto a los santos, como sabes, no les oramos; sin embargo, para mí, los santos son inspiradores por sus historias terrenales. ¿Quién no se siente inspirado por la querida y heroica historia de san Francisco, Juana de Arco o santa Bernardita?

De manera similar, se nos dice que no debemos orar a los ángeles, aunque ciertamente podemos venerar y valorar a los santos ángeles de Dios. Así como es importante entender cómo Dios quiere que oremos, también es necesario saber a quién no debemos orar. Hay varias religiones y caminos que promueven orar a los santos, a los ángeles, a nuestros parientes fallecidos y a otras deidades, pero la Palabra de Dios no lo apoya.

Este pasaje de Juan el Amado, mencionado en la segunda parte, lo expresa mejor:

> *Yo, Juan, vi y oí todo esto. Al terminar las palabras y las visiones caí a los pies del ángel que me había mostrado todo esto, para adorarlo. Pero él me dijo: «No lo hagas, yo soy un*

servidor como tú y tus hermanos los profetas y como todos los que escuchan las palabras de este libro. A Dios tienes que adorar» (Apocalipsis 22:8-9).

Esa es mi experiencia, también, con los ángeles. ¡No quieren ser adorados! Le dan toda la gloria a Dios, por quien trabajan sin descanso. Puedes pedir sinceramente a Dios que te envíe ángeles y puedes hablar con los ángeles. Pero, por favor, no los adores.

Dios desea que sus hijos lo glorifiquen y orar a los ángeles, a las deidades y a los santos finalmente les daría gloria sobre Dios. Por lo tanto, él desea ser el objeto de tu tiempo de oración. Con ese fin, en el apéndice incluí ejemplos de oraciones que puedes dirigir a Dios, organizadas por temas para facilitar la búsqueda.

Como mencioné en la primera parte, existen varios pasajes de las Escrituras que enseñan que Dios es tres Personas y cada una posee diferentes atributos de Dios. Rezo por que hayas aprendido más sobre la Santísima Trinidad, también sobre los ángeles del cielo y los santos que llevaron vidas piadosas en la Tierra, y que te hayas acercado más a Dios como Padre, Jesús y Espíritu.

Solo hay un Dios, pero Dios es tres Personas. Querido mío, tenemos el privilegio de conocer a cada Persona de la Trinidad a nivel individual e íntimo. Quizá te hayas alejado de la fe cristiana por un tiempo o tal vez nunca hayas seguido el camino cristiano. Te doy mi apoyo mientras buscas sinceramente al Señor, porque él es un Padre amoroso que desea guiarte, cuidarte, protegerte y amarte con la clase de amor que tu alma ha estado anhelando.

Tómate el tiempo para cultivar una relación personal con Dios, Jesús y el Espíritu, tal como lo harías con un nuevo amigo.

Inténtalo, ya que estoy segura de que, a medida que busques una mayor intimidad con la Santísima Trinidad, junto con los ángeles y los santos que sirven a Dios, ¡ciertamente la encontrarás!

Bendiciones,
Doreen

Apéndice

ORACIONES PARA TEMAS ESPECÍFICOS

Los siguientes son algunos ejemplos de oraciones para que comiences tu conversación con Dios; están ordenados alfabéticamente e incluyen versículos de las Escrituras. Abre tu corazón y cuéntale a Dios todo lo que estás experimentando: tus esperanzas, tus temores, tus dudas y tus deseos.

Dios ya sabe lo que hay en tu corazón y se regocija cuando se lo compartes con la fe plena de que te ayudará. Usa tus propias palabras para tus oraciones; adapta estos ejemplos de oraciones a tus circunstancias particulares.

Si no te sientes seguro de la manera en que debes orar, recuerda hablar con Dios como lo harías con un padre amado a quien respetas mucho: con verdad, reverencia y amor. Estas oraciones se basan en confiar en la voluntad de Dios y en alinear tu propia voluntad con la suya.

Amistad

Dios mío,
estoy evolucionando y cambiando a medida que me acerco
a ti, y rezo para tener amigos que también te amen.
Rezo para fomentar amistades sanas basadas en el amor
y el respeto mutuo. Por favor, Señor,
guíame para encontrar buenos amigos
y ayúdame a ser un buen amigo para ellos.

*El justo sabrá guiar a su prójimo,
mientras que los malvados se desviarán de su camino.*
Proverbios 12:26

Asuntos legales

Querido Dios,
por favor cúbreme, defiéndeme y protégeme
durante (DESCRIBE LA SITUACIÓN).
Por favor, Señor, necesito tu ayuda
y te pido que refuerces mi fortaleza y valor.
Por favor muéstrame la mejor manera de proceder.

*Ningún arma que hayan forjado contra ti resultará,
y harás callar a cualquiera que te acuse.*
Isaías 54:17

Apéndice. Oraciones para temas específicos 281

Aumentar la fe

Querido Dios, sé que confiar en ti y tener fe son claves
para todo lo que es bueno. Sin embargo, admito que a veces,
mi fe vacila y la duda entra en mi mente y en mi corazón.
Necesito tu ayuda, Señor, y sé que puedes hacer maravillas
para aumentar mi fe.
Por favor llévame de la duda al conocimiento,
y de la preocupación a la fe.

Mujer, ¡qué grande es tu fe! Que se cumpla tu deseo.
Mateo 15:28

Citas

Diosito, tú que eres amor y conoces todos los corazones:
por favor, ayúdame a tener una relación romántica sana,
que sea una unión equitativa, con un compañero comprensivo,
confiable y piadoso. Sabes quién es mejor para mí y necesito tu
ayuda, Señor, para escuchar y seguir tu guía.
Por favor, ayúdame a confiar y amar completamente,
en lugar de caer presa de mis miedos y preocupaciones.

No se emparejen con los que rechazan la fe:
¿podrían unirse la justicia y la maldad?
¿Podrían convivir la luz y las tinieblas?
... ¿Qué unión puede haber entre el que cree y el que ya no cree?
2 Corintios 6:14-15

Comida saludable

Dios mío,
sé que hiciste mi cuerpo para que goce de salud y vitalidad.
Por favor, Señor, ayúdame con el autocontrol
fruto de tu Espíritu.
Por favor, guía mi apetito y mi alimentación,
para que yo cuide mi cuerpo como un templo
donde mora tu Espíritu.

*Sea que ustedes coman, sea que beban, o cualquier cosa
que hagan, háganlo todo para la gloria de Dios.*
1 Corintios 10:31

Eliminar el miedo

Querido Dios,
Reconozco que me siento nervioso,
inseguro, vulnerable y asustado.
Por favor, refuerza mi valor y ayúdame a ser fuerte y valiente.
Descansaré con plena fe y confiaré en tu gran poder, Dios.

*No temas, pues yo estoy contigo; no mires con desconfianza,
pues yo soy tu Dios; yo te he dado fuerzas,
he sido tu auxilio, y con mi diestra victoriosa te he sostenido.*
Isaías 41:10

Entrevista de trabajo

Diosito,
si este es el trabajo adecuado para mí,
por favor guía mis palabras y mis acciones
con tu confianza, gracia y aplomo.
Si este no es el trabajo adecuado para mí,
por favor guíame
al mejor lugar para trabajar.

*¡Bendito el que confía en Yavé,
y que en él pone su esperanza!*
Jeremías 17:7

Manejo del tiempo

Querido Dios, tengo tantos planes e ideas,
y te pido que me ayudes a ordenarlos para saber
cuáles provienen de ti y cuáles están mal guiados.
Por favor, ayúdame a centrarme en mis prioridades
y a tener el autocontrol necesario para repartir
el tiempo cada día para trabajar en ellas.

*Compórtense con sensatez en sus relaciones con los que no creen,
aprovechando bien el tiempo presente.*
Colosenses 4:5

Mascotas

Diosito...
gracias por crear a los animales;
sabes cuánto amo a
(NOMBRE DE TU MASCOTA).
¿Puedes ayudar a
(NOMBRE DE TU MASCOTA)
con (DESCRIBE LA SITUACIÓN)?
Por favor guíame de la mejor manera
para ayudarla y aliviarme de preocupaciones, Señor.

El justo provee las necesidades de su ganado.
Proverbios 12:10

Mudanza

Dios mío, siento que estás asignándome
a un nuevo lugar y que estás guiándome al hogar correcto,
que es seguro, cómodo y económico.
Por favor cuídame, Señor, durante esta transición de vida,
y dame paz mientras navego por estos cambios.

Con la sabiduría se construye una casa y con la inteligencia
se mantiene firme; con la ciencia se llenan las despensas
de todos los bienes preciados y agradables.
Proverbios 24:3-4

Apéndice. Oraciones para temas específicos 285

Necesidades financieras

Querido Dios,
tú sabes cuáles son mis necesidades
y confío en que las satisfagas.
Esta es la situación que pesa sobre mi corazón:
(DESCRÍBELA).
Por favor, Señor, ¡necesito tu ayuda!
Por favor, guíame claramente para que pueda hacer
lo que me corresponde para resolver esto.

*Busquen primero el reino de Dios y su justicia,
y se les darán también todas esas cosas.*
Mateo 6:33

Niños

Querido Dios,
gracias por los niños del mundo,
y por los niños que has confiado a mi cuidado.
Eres el mejor padre de todos y te pido que
inspires mis capacidades para ser padre. Gracias por ayudarme
a ser un cuidador de los niños amoroso, atento y sabio.

Los niños son un regalo del Señor.
Salmo 127:3

Santos y ángeles

Preocupaciones familiares

*Querido Dios,
sabes cuánto amo a mi familia,
y estoy enojado por
(DESCRIBE LA SITUACIÓN).
Por favor, Señor, ¿puedes intervenir para traer soluciones
y paz a nuestra familia? Rezo para que tu amor nos ayude
a resolver esta situación y nos acerque.*

Lo que es yo y mi familia serviremos a Yavé.
Josué 24:15

Problemas maritales

*Diosito,
mi corazón ha estado abierto para amar a
mi cónyuge, pero ahora está triste e insensible.
¿Podrás ablandar mi corazón y el corazón de mi cónyuge, por
favor, para que podamos recuperar nuestro vínculo amoroso?
Señor, ayúdanos a comunicarnos respetuosamente el uno
con el otro, incluso aunque no estemos de acuerdo.*

*Saca primero el tronco que tienes en tu ojo
y así verás mejor para sacar la pelusa del ojo de tu hermano.*
Mateo 7:5

Propósito de vida

Querido Dios,
sé que me creaste para un propósito
y necesito tu ayuda, por favor, Señor,
para saber cuál es ese propósito.
Por favor, guíame con claridad en la mejor dirección,
para que pueda traer bendiciones
y satisfacción a través de mi trabajo.

El Señor lo hará todo por mí.
Señor, tu amor es eterno.
Salmo 138:8

Protección, emocional

Querido Dios,
me siento vulnerable y sensible, y no sé
si puedo soportar más dolor emocional.
Por favor, Señor, protege mi corazón.
Ayúdame a ser sabio en mi elección de relaciones,
para poder determinar con quién pasar el tiempo
y tener el valor para soltar las relaciones
que le restan valor a mi vínculo contigo, Señor.

Ante todo vigila tu corazón,
porque en él está la fuente de la vida.
Proverbios 4:23

Protección, espiritual

Diosito, por favor, protégeme de los engaños
y las tentaciones del mal.
Ayúdame a discernir qué proviene de ti y qué no.
Señor, que puedes ver todo y brillas con la luz divina
para eliminar toda oscuridad,
dame la fuerza para decir no
y alejarme de lo que es impío.

*Abandonemos las obras propias de la noche
y vistámonos con la armadura de la luz.*
Romanos 13:12

Protección, física

Dios mío, tu fuerza y tu poder no tienen igual,
y tu protección es imparable.
Por favor, protégeme, Señor,
y aleja cualquier cosa que pueda dañarme.
Tengo miedo, Señor, y necesito tu amor protector.

*Fortalézcanse en el Señor con la fuerza de su poder.
Revístanse con la armadura de Dios,
para que puedan resistir las insidias del demonio.*
Efesios 6:10-11

Sanación, emocional

Diosito, mi corazón está triste por
(DESCRIBE LA SITUACIÓN),
y acudo a ti en busca de consuelo, curación y tranquilidad.
¿Debo sentirme así, Señor? ¿Podrías ayudarme por favor
a aliviar este sufrimiento? Confío en que,
a donde sea que me lleves, es el camino que debo seguir.

Cuando ellos claman, el Señor los escucha
y los libra de todas sus angustias.
Salmos 34:18

Sanación, física

Querido Dios,
tú que me creaste, tú que eres el gran sanador, por favor
acude en mi ayuda con
(DESCRIBE TU PROBLEMA DE SALUD).
Me aferro a ti, necesito tu ayuda, Señor.
¿Qué debo hacer para recuperar mi salud?
Por favor, guíame claramente, Dios.

Muy querido amigo,
sabiendo que tu alma va por el buen camino,
te deseo que goces de buena salud
y que todos tus caminos te den satisfacción.
3 Juan 1:2

Santos y ángeles

Sanación, relaciones

Querido Dios,
¿qué debo hacer con esta relación?
¿Cómo debo proceder? Por favor, Señor, necesito tu ayuda
y orientación sobre qué hacer.
Te pido que ablandes mi corazón y el corazón de mi compañero, y que guíes nuestras conversaciones
y nuestras acciones para estar alineados el uno con el otro.

*El amor es paciente, es servicial; el amor no es envidioso,
no hace alarde, no se envanece, no procede con bajeza, no busca
su propio interés, no se irrita, no tiene en cuenta el mal recibido.*
1 Corintios 13:4-5

Simplificar tu vida

Dios mío, eres tan poderoso e inspirador,
y creo que puedes ver el corazón de todo y de todos.
Por favor, ayúdame a soltar lo que me frena
o me jala hacia abajo,
y a centrarme solo en lo que es una verdadera prioridad.

*Después [Jesús] les dijo: «Cuídense de la abundancia,
la vida de un hombre no está asegurada por sus riquezas».*
Lucas 12:15

Sobriedad

Querido Dios,
deseo tratar mi cuerpo como a un templo de Cristo,
y ya no quiero contaminarlo con toxinas.
Por favor, Señor, necesito tu ayuda
para librarme de la esclavitud de mis apetitos,
antojos e inseguridades.
Por favor, recuérdame acudir a ti en oración
cuando me sienta estresado,
en lugar de acudir a cosas que me intoxican.

Yo lo puedo todo en aquel que me conforta.
Filipenses 4:13

Sociedad

Dios mío, te pido a ti,
que conoces los corazones de todos en el mundo,
que me guíes a una sociedad saludable
basada en el respeto mutuo.
Ayúdame, Señor, a valorar y nutrir mi sociedad,
y a suavizar nuestros corazones con el perdón y la compasión.

Con mucha humildad, mansedumbre y paciencia,
sopórtense mutuamente por amor. Traten de conservar
la unidad del Espíritu mediante el vínculo de la paz.
Efesios 4:2-3

Trabajo

Dios mío,
sé que tú eres mi verdadero jefe y patrón,
y me dirijo a ti en busca de orientación sobre mi trabajo,
para que pueda ser muy útil de una manera significativa.
Confío en que satisfaces mis necesidades terrenales
mientras me centro en escuchar y seguir tu guía.

*Que descienda hasta nosotros la bondad del Señor;
que el Señor, nuestro Dios,
haga prosperar la obra de nuestras manos.*
Salmo 90:17

Trabajo por cuenta propia

Querido Dios, tú eres mi líder,
mi empleador, mi consejero y mi guía.
Estoy agradecido por tu Espíritu Santo que guía
y motiva mi carrera.
Sé que no trabajo por cuenta propia;
sino que trabajo por cuenta de Dios,
y por lo tanto, no tengo nada que temer.

*Cualquiera sea el trabajo de ustedes, háganlo de todo corazón,
teniendo en cuenta que es para el Señor y no para los hombres.*
Colosenses 3:23

Bibliografía

General

- «The Book of Tobit». *Holy Bible: King James Version*. eBible.org. http://ebible.org /kjv/Tobit.htm.
- *Holy Bible: English Standard Version*. Wheaton, IL: Crossway Bibles, 2001.
- *Holy Bible: King James Version*. BibleGateway.com. http://www.biblegateway.com/versions/King-James-Version-KJV-Bible.
- *Holy Bible: New Living Translation*. Carol Stream, IL: Tyndale House Publishers, 2015.
- Kempton, IL: Adventures Unlimited Press, 2000.
- Laurence, Richard (traductor). *The Book of Enoch the Prophet*.
- Moliner, María, Diccionario de uso del español, Editorial Gredos, 2.ª edición, 1998, vol. 2, p.1030.
- http://biblia.catholic.net/
- https://www.sanpablo.es/biblia-latinoamericana/la-biblia.

Primera parte: La Santísima Trinidad

- «The Blessed Trinity». Catholic Online. http://www.catholic.org/encyclopedia/view.php?id=11699.

- The Editors of Encyclopædia Britannica. «Trinity». Encyclopædia Britannica. Septiembre 15, 2017. https://www.britanica.com/topic/Trinity-Christianity.
- Joyce, George. «The Blessed Trinity». *The Catholic Encyclopedia*. Vol. 15. Nueva York: Robert Appleton Company, 1912. Extraído de New Advent: http://www.newadvent.org/cathen/15047a.htm.
- Lewis, C. S. *Mere Christianity: A Revised and Amplified Edition, with a New Introduction, of the Three Books, Broadcast Talks, Christian Behaviour, and Beyond Personality*. Nueva York: HarperOne, 2009.

Segunda parte: los ángeles

- «Angels - Catholic Encyclopedia». Catholic Online. http://www.catholic.org enciclopedia/view.php?id=774.
- Aquinas, St. Thomas. *The Summa Theologiæ of St. Thomas Aquinas*. Traducido literalmente por Padres de las Provincias de la República Dominicana, 2.ª edición revisada, 1920. On-line 2016 edición de *copyright* por Kevin Knight. Extraído de New Advent: http://www.newadvent.org/summa/index.html.
- Bunson, Matthew. *Angels A to Z: A Who's Who of the Heavenly Host*. Nueva York: Three Rivers Press, 1996.
- Charles, R. H. *The apocrypha and pseudepigrapha of the old Testament in English: with introductions and critical explanatory notes to the several books edited in conjunction with many scholars*. Oxford: Clarendon Press, 1913.
- Corrigan, Kevin, and Harrington, L. Michael. «Pseudo-Dionysius the Areopagite». Stanford Encyclopedia of Philosophy. Septiembre 06, 2004. https://plato.stanford.edu/entries/pseudo-dionysius-areopagite.

Bibliografía

- Driscoll, James F. «St. Raphael». *The Catholic Encyclopedia*. Vol. 12. Nueva York: Robert Appleton Company, 1911. Extraído de New Advent: http://www.newadvent.org/cathen/12640b.htm.
- Holweck, Frederick. «St. Michael the Archangel». *The Catholic Encyclopedia*. Vol. 10. Nueva York: Robert Appleton Company, 1911. Extraído de New Advent: http://www.newadvent.org/cathen/10275b.htm.
- Lamarre, Mark. «Pseudo-Dionysius the Areopagite (fl. c. 650–c. 725 C. E.)». Internet Encyclopedia of Philosophy. http://www.iep.utm.edu/pseudodi.
- Lewis, James R., y Oliver, Evelyn Dorothy. *Angels A to Z*. Detroit, MI: Visible Ink Press, 1996.
- «Michael, Gabriel and Raphael: Archangels and Powerful Allies - News». Catholic Online. http://www.catholic.org/news/national/story.php?id=34517.
- Pope, Hugh. «Angels». *The Catholic Encyclopedia*. Vol. 1. Nueva York: Robert Appleton Company, 1907. Extraído de New Advent: http://www.newadvent.org/cathen/01476d.htm.
- Pope, Hugh. «St. Gabriel the Archangel». *The Catholic Encyclopedia*. Vol. 6. Nueva York: Robert Appleton Company, 1909. Extraído de New Advent: http://www.newadvent.org/cathen/06330a.htm.
- «St. Gabriel, the Archangel - Saints & Angels». Catholic Online. http://www.catholic.org/saints/saint.php?saint_id=279.
- «St. Michael, the Archangel - Saints & Angels». Catholic Online. http://www.catholic.org/saints/saint.php?saint_id=308.
- «St. Raphael - Saints & Angels». Catholic Online. http://www.catholic.org/saints/saint.php?saint_id=203.
- «St. Uriel the Archangel». The Church of St. Uriel the Archangel. http://www.urielsg.org/our-patron-saint.

- Wood, Alice. *Of Wings and Wheels: A Synthetic Study of the Biblical Cherubim.* Berlin: Walter de Gruyter, 2008.

TERCERA PARTE: LOS SANTOS

- «Adoration - Catholic Encyclopedia». Catholic Online. http://www.catholic.org/encyclopedia/view.php?id=228.
- Catholic Answers. «Praying to the Saints». San Diego, CA: Catholic Answers, 2004. https://www.catholic.com/tract/praying-to-the-saints.
- Craughwell, Thomas J. *Saints for Every Occasion: 101 of Heaven's Most Powerful Patrons.* Charlotte, NC: Stampley Enterprises, Inc., 2001.
- Jones, Kathleen. *Women Saints: Lives of Faith and Courage.* Kent, Inglaterra: Burns & Oates, 1999.
- La Plante, Alice y Clare. *Heaven Help Us: The Worrier's Guide to the Patron Saints.* Nueva York: Dell Publishing, 1999.
- Makarios, Hieromonk, of Simonos Petra. *The Synaxarion: The Lives of Saints of the Orthodox Church.* Vol. 1. Calcídica, Grecia: The Holy Convent of the Annunciation of Our Lady, Ormylia, 1998.
- Paul, Tessa. *An Illustrated Dictionary of Saints: A Guide to the Lives and Works of Over 300 of the World's Most Notable Saints, with Expert Commentary and More Than 350 Beautiful Illustrations.* Londres: Anness Publishing Limited, 2017.
- «Saint». Merriam-Webster. https://www.merriam-webster.com/dictionary/saint.
- TrinityCommunications. «Hyperdulia». CatholicCulture.org. https://www.catholicculture.org/culture/library/dictionary/index.cfm?id=34033.
- Moliner, María. *Diccionario de uso del español.* Ed. Gredos. 3.ª edición, 2007. Vol., 2

- Diccionario de la Lengua Española, "santo, ta", Real Academia Española. Extraído de: http://dle.rae.es/?id=XGGB4k6

Santa Águeda de Catania

- The Editors of Encyclopædia Britannica. «St. Agatha». Encyclopædia Britannica. Marzo 10, 2017. https://www.britannica.com/biography/Saint-Agatha.
- Kirsch, Johann Peter. «St. Agatha». *The Catholic Encyclopedia*. Vol. 1. Nueva York: Robert Appleton Company, 1907. Extraído de New Advent: http://www.newadvent.org/cathen/01203c.htm.
- Marie, Brother André. «Saint Agatha's Breasts». Catholicism.org. Febrero 5, 2014. http://catholicism.org/saint-agathas-breasts.html.
- Miller, Fr. Don. «Saint Agatha: Saint of the Day for February 5». Franciscan Media. https://www.franciscanmedia.org/saint-agatha.
- «St. Agatha - Saints & Angels». Catholic Online. http://www.catholic.org/saints/saint.php?saint_id=14.

Santa Ana

- The Editors of Encyclopædia Britannica. «Saints Anne and Joachim». Encyclopædia Britannica. Noviembre 28, 2012. https://www.britannica.com/biography/Saint-Anne.
- Holweck, Frederick. «St. Anne». *The Catholic Encyclopedia*. Vol. 1. Nueva York: Robert Appleton Company, 1907. Extraído de New Advent: http://www.newadvent.org/cathen/01538a.htm.
- «Saint Anne». CatholicSaints.Info. Agosto 30, 2017. https://catholicsaints.info/saint-anne.
- «Sts. Joachim and Anne - Saints & Angels». Catholic Online. http://www.catholic.org/saints/saint.php?saint_id=22.

San Antonio de Padua

- Dal-Gal, Niccolò. «St. Anthony of Padua». *The Catholic Encyclopedia*. Vol. 1. Nueva York: Robert Appleton Company, 1907. Extraído de New Advent: http://www.newadvent.org/cathen/01556a.htm.
- The Editors of Encyclopædia Britannica. «St. Anthony of Padua». Encyclopædia Britannica. Junio 20, 2017. https://www.britannica.com/biography/Saint-Anthony-of-Padua.
- «St. Anthony of Padua - Saints & Angels». Catholic Online. http://www.catholic.org/saints/saint.php?saint_id=24.

Santa Bárbara

- The Editors of Encyclopædia Britannica. «St. Barbara». Encyclopædia Britannica. Marzo 24, 2017. https://www.britannica.com/biography/Saint-Barbara.
- «Greatmartyr Barbara at Heliopolis, in Syria». Orthodox Church in America. https://oca.org/saints/lives/2017/12/04/103472-greatmartyr-barbara-at-heliopolis-in-syria.
- Kirsch, Johann Peter. «St. Barbara». *The Catholic Encyclopedia*. Vol. 2. New York: Robert Appleton Company, 1907. Extraído de Nueva Advent: http://www.newadvent.org/cathen/02284d.htm.
- «St. Barbara - Saints & Angels». Catholic Online. http://www.catholic.org/saints/saint.php?saint_id=166.

San Benito de Nursia

- Ford, Hugh. «St. Benedict of Nursia». *The Catholic Encyclopedia*. Vol. 2. Nueva York: Robert Appleton Company, 1907. Extraído de New Advent: http://www.newadvent.org/cathen/02467b.htm.

- Knowles, Michael David. «Saint Benedict». Encyclopædia Britannica. Septiembre 26, 2016. https://www.britannica.com/biography/Saint-Benedict-of-Nursia.
- Miller, Fr. Don. «Saint Benedict». Franciscan Media. https://www.franciscanmedia.org/saint-benedict.
- «St. Benedict of Nursia - Saints & Angels». Catholic Online. http://www.catholic.org/saints/saint.php?saint_id=556.
- «St. Benedict - Saints & Angels». Catholic Online. http://www.catholic.org/saints/saint.php?saint_id=26.

SANTA BERNARDITA SOUBIROUS

- Bertrin, Georges. «Notre-Dame de Lourdes». *The Catholic Encyclopedia.* Vol. 9. Nueva York: Robert Appleton Company, 1910. Extraído de New Advent: http://www.newadvent.org/cathen/09389b.htm.
- The Editors of Encyclopædia Britannica. «St. Bernadette of Lourdes». Encyclopædia Britannica. Marzo 24, 2017. https://www.britannica.com/biography/Saint-Bernadette-of-Lourdes.
- Foley, Anthony. «St Bernadette: 'My business is to be ill'». *The Catholic Herald* (RU). Diciembre 10, 2008. Extraído de CatholicOnline:http://www.catholic.org/news/international/europe/story.php?id=30965.
- «St. Bernadette - Saints & Angels». Catholic Online. http://www.catholic.org/saints/saint.php?saint_id=147.
- «St. Bernadette Soubirous - Saints & Angels». Catholic Online. http://www.catholic.org/saints/saint.php?saint_id=1757.

SANTA CATALINA DE ALEJANDRÍA

- Clugnet, Léon. «St. Catherine of Alexandria». *The Catholic Encyclopedia.* Vol. 3. Nueva York: Robert Appleton Company,

- 1908. Extraído de New Advent: http:// www.newadvent.org/ cathen/03445a.htm.
- The Editors of Encyclopædia Britannica. «St. Catherine of Alexandria». Encyclopædia Britannica. Marzo 28, 2017. https://www.britannica.com/biography/Saint-Catherine-of-Alexandria.
- «St. Catherine of Alexandria – Catholic Encyclopedia». Catholic Online. http://www.catholic.org/encyclopedia/view.php?id=2673.
- «St. Catherine of Alexandria - Saints & Angels». Catholic Online. http://www.catholic.org/saints/saint.php?saint_id=341.

SANTA CATALINA DE SIENA

- The Editors of Encyclopædia Britannica. «St. Catherine of Siena». Encyclopædia Britannica. https://www.britannica.com/biography/Saint-Catherine-of-Siena.
- Gardner, Edmund. «St. Catherine of Siena». The Catholic Encyclopedia. Vol. 3. Nueva York: Robert Appleton Company, 1908. Extraído de New Advent: http://www.newadvent.org/cathen/03447a.htm.
- «St. Catherine of Siena: Doctor of the Church – Christian Saints & Heroes». Catholic Online. http://www.catholic.org/news/saints/story.php?id=41236.
- «St. Catherine of Siena - Saints & Angels». Catholic Online. http://www.catholic.org/saints/saint.php?saint_id=9.

SANTA CECILIA

- The Editors of Encyclopædia Britannica. «St. Cecilia». Encyclopædia Britannica. Marzo 24, 2017. https://www.britannica.com/biography/Saint-Cecilia.

- Kirsch, Johann Peter. «St. Cecilia». *The Catholic Encyclopedia*. Vol. 3. Nueva York: Robert Appleton Company, 1908. Extraído de New Advent: http://www.newadvent.org/cathen/03471b.htm.
- «St. Cecilia - Catholic Encyclopedia». Catholic Online. http://www.catholic.org/encyclopedia/view.php?id=2709.
- «St. Cecilia - Saints & Angels». Catholic Online. http://www.catholic.org/saints/saint.php?saint_id=34.

San Cristóbal de Licia

- The Editors of Encyclopædia Britannica. «Saint Christopher». Encyclopædia Britannica. Enero 12, 2014. https://www.britannica.com/biography/Saint-Christopher.
- Mershman, Francis. «St. Christopher». *The Catholic Encyclopedia*. Vol. 3. Nueva York: Robert Appleton Company, 1908. Extraído de New Advent: http://www.newadvent.org/cathen/03728a.htm.
- «St. Christopher - Catholic Encyclopedia». Catholic Online. http://www.catholic.org/encyclopedia/view.php?id=2935.
- «St. Christopher - Saints & Angels». Catholic Online. http://www.catholic.org/saints/saint.php?saint_id=36.

Santa Clara de Asís

- The Editors of Encyclopædia Britannica. «St. Clare of Assisi». Encyclopædia Britannica. Marzo 17, 2017. https://www.britannica.com/biography/Saint-Clare-of-Assisi.
- Robinson, Paschal. «St. Clare of Assisi». *The Catholic Encyclopedia*. Vol. 4. Nueva York: Robert Appleton Company, 1908. Extraído de New Advent: http://www.newadvent.org/cathen/04004a.htm.
- «St. Clare of Assisi - Catholic Encyclopedia». Catholic Online. http://www.catholic.org/encyclopedia/view.php?id=2999.

- «St. Clare of Assisi - Saints & Angels». Catholic Online. http://www.catholic.org/saints/saint.php?saint_id=215.

Santa Dimpna de Irlanda

- Kirsch, Johann Peter. «St. Dymphna». *The Catholic Encyclopedia*. Vol. 5. Nueva York: Robert Appleton Company, 1909. Extraído de New Advent: http://www.newadvent.org/cathen/05221b.htm.
- «Saint Dymphna». CatholicSaints.Info. Agosto 4, 2017. https://catholicsaints.info/saint-dymphna.
- «St. Dymphna - Catholic Encyclopedia». Catholic Online. http://www.catholic.org/encyclopedia/view.php?id=4107.
- «St. Dymphna - Saints & Angels». Catholic Online. http://www.catholic.org/saints/saint.php?saint_id=222.

Santa Faustina Kowalska

- Kowalska, Maria Faustina. *Diary of Saint Maria Faustina Kowalska: Divine Mercy in My Soul*. Stockbridge, MA: Marian Press, 2005. Extraído de Archive.org: https://archive.org/details/St.FaustinaKowalskaDiary.
- «Mary Faustina Kowalska». Vatican: the Holy See. http://www.vatican.va/news_services/liturgy/documents/ns_lit_doc_20000430_faustina_en.html.
- «Saint Faustina Kowalska». CatholicSaints.Info. Octubre 5, 2017. https:// catholicsaints.info/saint-faustina-kowalska.
- «St. Faustina Kowalska - Saints & Angels». Catholic Online. http://www.catholic.org/saints/saint.php?saint_id=510.

San Florián de Lorch

- Magnifico, Laura. «St. Florian: How He Became Patron Saint of Firefighters». Catholic Faith Store. https://blog.catholi-

cfaithstore.com/st-florian-how-he-became-patron-saint-of-fire-fighters.
- «Saint Florian». Saint Florian Roman Catholic Church. http://www.stflorianparish.org/history/saint-florian.
- «Saint Florian of Lorch». CatholicSaints.Info. Mayo 7, 2017. https://catholicsaints.info/saint-florian-of-lorch.
- «St. Florian - Saints & Angels». Catholic Online. http://www.catholic.org/saints/saint.php?saint_id=149.

San Francisco de Asís

- Catholic Online. «St. Francis of Assisi - Saints & Angels - Catholic Online». Catholic Online. http://www.catholic.org/saints/saint.php?saint_id=50.
- Miles, Margaret R. *The Word Made Flesh: A History of Christian Thought.* Oxford: Wiley-Blackwell, 2006.
- Miller, Fr. Don. «Saint Francis of Assisi: Saint of the Day for October 4». Franciscan Media. https://www.franciscanmedia.org/saint-francis-of-assisi.

Santa Gema Galgani

- Bell, Rudolph M., y Mazzoni, Cristina. *The Voices of Gemma Galgani: The Life and Afterlife of a Modern Saint.* Chicago: University of Chicago Press, 2003.
- Dallaire, Glen. St Gemma Galgani. http://www.stgemmagalgani.com.
- «Saint Gemma Galgani». CatholicSaints.Info. Julio 9, 2017. https://catholicsaints.info/saint-gemma-galgani.
- «St. Gemma Galgani - Saints & Angels». Catholic Online. http://www.catholic.org/saints/saint.php?saint_id=225.

San Gerardo Mayela

- The Editors of Encyclopædia Britannica. «St. Gerard». Encyclopædia Britannica. Febrero 6, 2017. https://www.britannica.com/biography/Saint-Gerard.
- Magnier, John. «St. Gerard Majella». *The Catholic Encyclopedia*. Vol. 6. Nueva York: Robert Appleton Company, 1909. Extraído de New Advent: http://www.newadvent.org/cathen/06467c.htm.
- «Saints: St. Gerard Majella». The Redemptorists of Australia and New Zealand. http://cssr.com/english/saintsblessed/st-majella.shtml.
- «St. Gerard Majella: Celebrant of Life». The Redemptorists of Australia and New Zealand. https://www.cssr.org.au/about_us/default.cfm?loadref=65.
- «St. Gerard Majella - Saints & Angels». Catholic Online. http://www.catholic.org/saints/saint.php?saint_id=150.

Santa Hildegarda de Bingen

- The Editors of Encyclopædia Britannica. «St. Hildegarde». Encyclopædia Britannica. Junio 18, 2014. https://www.britannica.com/biography/Saint-Hildegard.
- Hildegard of Bingen. *Hildegard of Bingen: Selected Writings*. Traducido por Mark Atherton. Nueva York: Penguin, 2001.
- International Society of Hildegard von Bingen Studies. http://www.hildegard-society.org.
- Mershman, Francis. «St. Hildegard». *The Catholic Encyclopedia*. Vol. 7. Nueva York: Robert Appleton Company, 1910. Extraído de New Advent: http://www.newadvent.org/cathen/07351a.htm.
- «The Patron Saints of the Culinary Arts. Loyola Press». https://www.loyolapress.com/our-catholic-faith/prayer/

arts-and-faith/culinary-arts/the-patron-saints-of-the-culinary-arts.
- «St. Hildegarde - Catholic Encyclopedia». Catholic Online. http://www.catholic.org/encyclopedia/view.php?id=5777.
- «St. Hildegarde - Saints & Angels». Catholic Online. http://www.catholic.org/saints/saint.php?saint_id=285.

Santa Juana de Arco

- Bie, Søren. Jeanne d'Arc la Pucelle. https://www.jeanne-darc.info.
- Lanhers, Yvonne y G. A. Vale, Malcolm. «Saint Joan of Arc». Encyclopædia Britannica. https://www.britannica.com/biography/Saint-Joan-of-Arc.
- «Saint Joan of Arc». CatholicSaints.Info. Octubre 7, 2017. https://catholicsaints.info/saint-joan-of-arc.
- «St. Joan of Arc - Catholic Encyclopedia». Catholic Online. http://www.catholic.org/encyclopedia/view.php?id=6346.
- «St. Joan of Arc - Saints & Angels». Catholic Online. http://www.catholic.org/saints/saint.php?saint_id=295.
- Thurston, Herbert. «St. Joan of Arc». *The Catholic Encyclopedia*. Vol. 8. Nueva York: Robert Appleton Company, 1910. Extraído de New Advent: http://www.newadvent.org/cathen/ 08409c.htm.

San Juan de la Cruz

- The Editors of Encyclopædia Britannica. «St. John of the Cross». Encyclopædia Britannica. Junio 18, 2015. https://www.britannica.com/biography//Saint-John-of-the-Cross.
- Saint John of the Cross. *Dark Night of the Soul: And Other Great Works*. Editado por Lloyd B. Hildebrand. Orlando, FL: Bridge-Logos, 2007.

- «St. John of the Cross - Catholic Encyclopedia». Catholic Online. http://www.catholic.org/encyclopedia/view.php?id=6432.
- «St. John of the Cross - Saints & Angels». Catholic Online. http://www.catholic.org/saints/saint.php?saint_id=65.
- Zimmerman, Benedict. «St. John of the Cross». The Catholic Encyclopedia. Vol. 8. Nueva York: Robert Appleton Company, 1910. Extraído de New Advent: http:// www.newadvent.org/cathen/08480a.htm.

SAN JUAN BAUTISTA

- Souvay, Charles. «St. John the Baptist». *The Catholic Encyclopedia*. Vol. 8. Nueva York: Robert Appleton Company, 1910. Extraído de New Advent: http://www.newadvent.org/cathen/08486b.htm.
- «St. John the Baptist - Catholic Encyclopedia». Catholic Online. http://www.catholic.org/encyclopedia/view.php?id=6448.
- «St. John the Baptist - Saints & Angels». Catholic Online. http://www.catholic.org/saints/saint.php?saint_id=152.
- Strugnell, John. «St. John the Baptist». Encyclopædia Britannica. https://www.britannica.com/biography/Saint-John-the-Baptist.

SAN JOSÉ

- The Editors of Encyclopædia Britannica. «St. Joseph». Encyclopædia Britannica. Mayo 25, 2017. https://www.britannica.com/biography/Saint-Joseph.
- «Saint Joseph». CatholicSaints.Info. Octubre 15, 2017. https://catholicsaints.info/saint-joseph.
- Souvay, Charles. «St. Joseph». *The Catholic Encyclopedia*. Vol. 8. Nueva York: Robert Appleton Company, 1910. Extraído de New Advent: http://www.newadvent.org/cathen/08504a.htm.

- «St. Joseph - Saints & Angels». Catholic Online. http://www.catholic.org/saints/saint.php?saint_id=4.

SAN JUDAS TADEO

- Camerlynck, Achille. «Epistle of St. Jude». *The Catholic Encyclopedia*. Vol. 8. Nueva York: Robert Appleton Company, 1910. Extraído de New Advent: http://www.newadvent.org/cathen/08542b.htm.
- The National Shrine of St. Jude. http://www.shrineofstjude.org.
- New World Encyclopedia contributors. «Jude the Apostle». New World Encyclopedia. Mayo 24, 2014. http://www.newworldencyclopedia.org/p/index.php?title=Jude_the_Apostle&oldid=981780.
- «Saint Jude Thaddeus». CatholicSaints.Info. Octubre 4, 2017. https://catholicsaints.info/saint-jude-thaddeus.
- «St. Jude Thaddaeus - Saints & Angels». Catholic Online. http://www.catholic.org/saints/saint.php?saint_id=127.

SANTA CATALINA TEKAKWITHA

- «Blessed Kateri Tekakwitha - Catholic Encyclopedia». Catholic Online. http:// www.catholic.org/encyclopedia/view.php?id=6594.
- The Editors of Encyclopædia Britannica. «St. Kateri Tekakwitha». Encyclopædia Britannica. Julio 31, 2017. https://www.britannica.com/biography/Saint-Kateri-Tekakwitha.
- Kelly, Blanche Mary. «Blessed Kateri Tekakwitha». *The Catholic Encyclopedia*. Vol. 14. Nueva York: Robert Appleton Company, 1912. Extraído de New Advent: http://www.newadvent.org/cathen/14471a.htm.

- Mary, Brother Joseph, MICM. «Saint Kateri Tekakwitha». Catholicism.org. Julio 11, 2005. http://catholicism.org/kateri-tekakwitha.html.
- «St. Kateri Tekakwitha - Saints & Angels». Catholic Online. http://www.catholic.org/saints/saint.php?saint_id=154.

SANTA MARÍA GORETTI

- Buehrle, Marie Cecilia. *Saint Maria Goretti*. Milwaukee, WI: Bruce Publishing Company, 1950.
- Miller, Fr. Don. «Saint Maria Goretti». Franciscan Media. https://www.franciscanmedia.org/saint-maria-goretti.
- «Saint Maria Goretti». CatholicSaints.Info. Octubre 8, 2017. https://catholicsaints.info/saint-maria-goretti.
- «St. Maria Goretti - Saints & Angels». Catholic Online. http://www.catholic.org/saints/saint.php?saint_id=78.
- Treasures of the Church. *St. Maria Goretti: The Little Saint of Great Mercy*. http://mariagoretti.com.

SANTA MARÍA MAGDALENA

- Ehrman, Bart D. *Peter, Paul, and Mary Magdalene: The Followers of Jesus in History and Legend*. 2.ª ed. Oxford: Oxford University Press, 2006.
- Lyons, Eric. «The Real Mary Magdalene». Apologetics Press. 2006. http://www.apologeticspress.org/APContent.aspx?category=10&article=1803.
- New World Encyclopedia contributers. «Mary Magadalene». New World Encyclopedia. Agosto 28, 2014. http://www.newworldencyclopedia.org/entry/Mary_Magdalene.
- Paul, Pope John, II. «Apostolic Letter Mulieris Dignitatem of the Supreme Pontiff John Paul II on the Dignity and Vocation of Women on the Occasion of the Marian Year». Va-

tican: The Holy See. Agosto 15, 1988. https://w2.vatican.va/content/john-paul-ii/en/apost_letters/1988/documents/hf_jp-ii_apl_19880815_mulieris-dignitatem.html.
- Pope, Hugh. «St. Mary Magdalen». *The Catholic Encyclopedia*. Vol. 9. Nueva York: Robert Appleton Company, 1910. Extraído de New Advent: http://www.newadvent.org/cathen/09761a.htm.
- Thompson, Mary R. *Mary of Magdala: Apostle and Leader*. 2.ª ed. Nueva York: Paulist Press, 1995.

Santa María, La Santísima Virgen

- The Editors of Encyclopædia Britannica. «Mary Mother of Jesus». Encyclopædia Britannica. Octubre 12, 2017. https://www.britannica.com/biography/Mary-mother-of-Jesus.
- Flinn, Frank K. *Encyclopedia of Catholicism (Encyclopedia of World Religions)*. Nueva York: Facts on File, 2007.
- Maas, Anthony. «The Blessed Virgin Mary». The Catholic Encyclopedia. Vol. 15. Nueva York: Robert Appleton Company, 1912. Extraído de New Advent: http://www.newadvent.org/cathen/15464b.htm.
- McNally, Terry. *What Every Catholic Should Know About Mary: Dogmas, Doctrines, and Devotions*. Bloomington, IN: Xlibris Corp., 2009.
- TrinityCommunications. «Hyperdulia». CatholicCulture.org. https://www.catholicculture.org/culture/library/dictionary/index.cfm?id=34033.

San Maximiliano Kolbe

- Armstrong, Regis J. y Peterson, Ingrid J. *The Franciscan Tradition: Franciscan Tradition (Spirituality in History)*. Collegeville, MN: Liturgical Press, 2010.

- Catholic Online. «St. Maximilian Kolbe - Saints & Angels - Catholic Online». Catholic Online. http://www.catholic.org/saints/saint.php?saint_id=370.
- Michael, Robert. *A History of Catholic Antisemitism: The Dark Side of the Church.* Basingstoke, Inglaterra: Palgrave Macmillan, 2008.
- Treece, Patricia. *A Man for Others: Maximilian Kolbe, Saint of Auschwitz, in the Words of Those Who Knew Him.* Nueva York: Harper & Row, 1982.

Santa Madre Teresa de Calcuta

- Mukherjee, Bharati. «Mother Teresa: The Saint». *Time Magazine.* Junio 14, 1999. http://content.time.com/time/magazine/article/0,9171,991258,00.html.
- «Mother Teresa - Biographical». Nobelprize.org. Nobel Media AB. 2014. http://www.nobelprize.org/nobel_prizes/peace/laureates/1979/teresa-bio.html.
- Mother Teresa et al. *No Greater Love.* 1.ª ed. Novato, CA: New World Library, 2002.
- «Mother Teresa of Calcutta (1910–1997), Biography». Vatican: the Holy See. http://www.vatican.va/news_services/liturgy/saints/ns_lit_doc_20031019_madre-teresa_en.html.

San Nicolás de Bari

- Federer, William J. «There Really Is a Santa Claus - History of Saint Nicholas & Christmas Holiday Tradition». St. Louis, MO: Amerisearch, Inc., 2003.
- Ott, Michael. «St. Nicholas of Myra». *The Catholic Encyclopedia.* Vol. 11. Nueva York: Robert Appleton Company, 1911. Extraído de New Advent: http://www.newadvent.org/cathen/11063b.htm.

- «Saint Nicholas of Myra». CatholicSaints.Info. Octubre 5, 2017. https://catholicsaints.info/saint-nicholas-of-myra.
- «St. Nicholas Center: Who Is St. Nicholas?» St. Nicholas Center: Discovering the Truth About Santa Claus. http://www.stnicholascenter.org/pages/who-is-st-nicholas.

SAN PADRE PÍO DE PIETRELCINA

- Bertanzetti, Eileen Dunn, ed. *Padre Pio's Words of Hope*. Huntington, IN: Our Sunday Visitor, 1999.
- Corsi, Jerome R. *The Shroud Codex*. Nueva York: Threshold Editions, 2010. Ruffin, Bernard. Padre Pio. 3.ª ed. Huntington, IN: Our Sunday Visitor, 1991.
- «Saint Padre Pio». CatholicSaints.Info. Octubre 8, 2017. https://catholicsaints.info/saint-padre-pio.

SAN PATRICIO DE IRLANDA

- Bos, Carole «St. Patrick's Cross». AwesomeStories.com. https://www.awesomestories.com/asset/view/St.-Patrick-s-Cross.
- Grattan-Flood, William. «St. Patrick's Purgatory». *The Catholic Encyclopedia*. Vol. 12. Nueva York: Robert Appleton Company, 1911. Extraído de New Advent: http://www.newadvent.org/cathen/12580a.htm.
- Moran, Patrick Francis Cardinal. «St. Patrick». *The Catholic Encyclopedia*. Vol. 11. Nueva York: Robert Appleton Company, 1911. Extraído de New Advent: http://www.newadvent.org/cathen/11554a.htm.
- «Saint Patrick». CatholicSaints.Info. Noviembre 29, 2017. https://catholicsaints.info/saint-patrick.
- St. Patrick. *The Confession of St. Patrick*. Extraído de Christian Classics Ethereal Library: http://www.ccel.org/ccel/patrick/confession.html.

SAN PABLO DE TARSO

- Ehrman, Bart D. *Peter, Paul, and Mary Magdalene: The Followers of Jesus in History and Legend*. 2.ª ed. Oxford: Oxford University Press, 2006.
- Maccoby, Hyam. *The Mythmaker: Paul and the Invention of Christianity*. Nueva York: Barnes & Noble, 1998.
- Prat, Ferdinand. «St. Paul». *The Catholic Encyclopedia*. Vol. 11. Nueva York: Robert Appleton Company, 1911. Extraído de New Advent: http://www.newadvent.org/cathen/11567b.htm.
- «Saint Paul the Apostle». CatholicSaints.Info. Octubre 6, 2017. https://catholicsaints.info/saint-paul-the-apostle.

SAN PEDRO

- Ehrman, Bart D. «Peter, Paul, and Mary Magdalene: The Followers of Jesus in History and Legend». 2.ª ed.,Oxford, Oxford University Press, 2006.
- Kirsch, Johann Peter. «St. Peter, Prince of the Apostles». *The Catholic Encyclopedia*. Vol. 11. Nueva York: Robert Appleton Company, 1911. Extraído de New Advent: http://www.newadvent.org/cathen/11744a.htm.
- «Saint Peter the Apostle». CatholicSaints.Info. Octubre 6, 2017. https://catholicsaints.info/saint-peter-the-apostle.

SANTA FILOMENA

- Catholic Online. «St. Philomena - Saints & Angels - Catholic Online». Catholic Online. http://www.catholic.org/saints/saint.php?saint_id=98.
- Kirsch, Johann Peter. «St. Philomena». *The Catholic Encyclopedia*. Vol. 12. Nueva York: Robert Appleton Company, 1911. Extraído de New Advent: http://www.newadvent.org/cathen/12025b.htm.

- «Saint Philomena». CatholicSaints.Info. Agosto 11, 2017. https://catholicsaints.info/saint-philomena.
- «St. Philomena: Patron Saint Of Babies, Infants, and Youth». Stphilomenaparish.com http://www.stphilomenaparish.com/patron.htm.

SANTA RITA DE CASIA

- Freze, Michael. *They Bore the Wounds of Christ: The Mystery of the Sacred Stigmata*. Huntington, IN: Our Sunday Visitor Publishing, 1989.
- Mershman, Francis. «St. Rita of Cascia». *The Catholic Encyclopedia*. Vol. 13. Nueva York: Robert Appleton Company, 1912. Extraído de New Advent: http://www.newadvent.org/cathen/13064a.htm.
- «Saint Rita of Cascia». CatholicSaints.Info. Agosto 4, 2017. https://catholicsaints.info/saint-rita-of-cascia.
- «The Story of St. Rita of Cascia | Saint Rita Catholic Church». Saint Rita Catholic Church. 2017. https://st-rita.org/the-story-of-st-rita-of-cascia.

SAN SEBASTIÁN

- Löffler, Klemens. «St. Sebastian». *The Catholic Encyclopedia*. Vol. 13. Nueva York: Robert Appleton Company, 1912. Extraído de New Advent: http://www.newadvent.org/cathen/13668a.htm.
- «Saint Sebastian». CatholicSaints.Info. Julio 16, 2017. https://catholicsaints.info/saint-sebastian.
- Zupnick, Irving L. «Saint Sebastian: The Vicissitudes of the Hero as Martyr». *Concepts of the Hero in the Middle Ages and the Renaissance*. Albany, NY: State University of New York Press, 1975.

Santa Teresa de Jesús

- Carroll Cruz, Joan. *The Incorruptibles: A Study of the Incorruption of the Bodies of Various Catholic Saints and Beati*. 3.ª ed. Rockford, IL: TAN Books, 1991.
- Slade, Carole. *St. Teresa of Avila: Author of a Heroic Life*. Berkeley, CA: University of California Press, 1995.
- Walsh, William Thomas. *Saint Teresa of Avila*. Charlotte, NC: TAN Books, 2009.

Santa Teresa de Lisieux

- The Editors of Encyclopædia Britannica. «Saint Thérèse of Lisieux». Encyclopædia Britannica. Abril 1, 2017. https://www.britannica.com/biography/Saint-Therese-of-Lisieux.
- Conn, Joann Wolski. «Thérèse of Lisieux». *Christian Spirituality: The Classics*. Nueva York: Routledge, 2009.
- de Lisieux, St. Thérèse. *Story of a Soul: The Autobiography of St. Therese of Lisieux (the Little Flower)*. 3.ª ed. Traducción de John Clarke. Washington, D.C.: ICS Publications, 1996.
- Donovan, Edith. «St. Thérèse of Lisieux». *The Catholic Encyclopedia*. Vol. 17 (Supplement). Nueva York: The Encyclopedia Press, 1922. Extraído de New Advent: http://www.newadvent.org/cathen/17721a.htm.
- Payne, Steven. *Saint Thérèse of Lisieux: Doctor of the Universal Church*. Staten Island, NY: Saint Pauls/Alba House, 2002.
- Schwarz, Josef. «Therese von Lisieux». *Renascence* 5, n.º 1 (1952): 47–48. doi:10.5840/renascence19525140.

Santo Tomás de Aquino

- Chenu, Marie-Dominique. «St. Thomas Aquinas». Encyclopædia Britannica. Junio 20, 2017. https://www.britannica.com/biography/Saint-Thomas-Aquinas.
- Gilson, Etienne. *The Christian Philosophy of St. Thomas Aquinas*. Notre Dame, IN: University of Notre Dame Press, 1994.
- Kennedy, Daniel. «St. Thomas Aquinas». *The Catholic Encyclopedia*. Vol. 14. Nueva York: Robert Appleton Company, 1912. Extraído de New Advent: http://www.newadvent.org/cathen/14663b.htm.
- King, Peter. «St. Thomas Aquinas». *International Philosophical Quarterly* 23, n.º 2 (1983): 227-229.
- McInerny, Ralph. *St. Thomas Aquinas*. Notre Dame, IN: University of Notre Dame Press, 1982.

Santo Tomás Moro

- Donnelly, Sister Gertrude. «St. Thomas More». *The Catholic Lawyer* 14, n.º 4 (2016): 7.
- Gilman, Richard. «St. Thomas More». *The Catholic Lawyer* 1, n.º 1 (2016): 6.
- Huddleston, Gilbert. «St. Thomas More». *The Catholic Encyclopedia*. Vol. 14. Nueva York: Robert Appleton Company, 1912. Extraído de New Advent: http://www.newadvent.org/cathen/14689c.htm.
- Mahoney, Mother M. Denis. «St. Thomas More». *The Catholic Historical Review* 41, n.º 1 (Abril 1955): 50-52.
- Marc'hadour, Germain P. «Thomas More». *Encyclopædia Britannica*. Octubre 17, 2017. https://www.britannica.com/biography/Thomas-More-English-humanist-and-statesman.

SAN VALENTÍN

- The Editors of Encyclopædia Britannica. «Saint Valentine». Encyclopædia Britannica. Febrero 17, 2017. https://www.britannica.com/biography/Saint-Valentine.
- Kelly, Henry Ansgar. *Chaucer and the Cult of Saint Valentine*. Vol. 5. Leiden, Países Bajos: Brill, 1986.
- Oruch, Jack B. «St. Valentine, Chaucer, and Spring in February». *Speculum 56*, n.° 3 (1981): 534-565.
- Schmidt, Leigh Eric. «The Fashioning of a Modern Holiday: St. Valentine's Day, 1840-1870». *Winterthur Portfolio 28*, n.° 4 (1993): 209-245.
- Thurston, Herbert. «St. Valentine». *The Catholic Encyclopedia*. Vol. 15. Nueva York: Robert Appleton Company, 1912. Extraído de New Advent: http:// www.newadvent.org/cathen/15254a.htm.

Sobre la autora

Doreen Virtue se graduó de la Universidad de Chapman con dos títulos en orientación sicológica. Después de trabajar como sicoterapeuta, Doreen ahora imparte talleres en línea sobre temas relacionados con sus libros y cartas.

Para obtener información sobre el trabajo de Doreen, visita AngelTherapy.com o Facebook.com/DoreenVirtue444.

Para inscribirte en los cursos de video de Doreen, visita www.EarthAngel.com.

TÍTULOS DE ESTA COLECCIÓN

Ángeles y sueños. *Doreen Virtue & Melissa Virtue*

Arcángeles 101. *Doreen Virtue*

Arcángeles y maestros ascendidos. *Doreen Virtue*

Astrología y ángeles 101. *Doreen Virtue*

Cómo escuchar a tus ángeles. *Doreen Virtue*

Cómo sanar un corazón triste. *D. Virtue & James Van Praagh*

Guía diaria de tus ángeles. *Doreen Virtue*

Los milagros del arcángel Gabriel. *Doreen Virtue*

Los milagros del arcángel Miguel. *Doreen Virtue*

Los milagros sanadores del arcángel Rafael. *Doreen Virtue*

Manual de terapia con ángeles. *Doreen Virtue*

Medicina de ángeles. *Doreen Virtue*

Mensajes de tus ángeles. *Doreen Virtue*

No dejes que nada opaque tu chispa. *Doreen Virtue*

Números angelicales. *Doreen Virtue*

Oraciones a los ángeles. *Kyle Gray*

Reafirmación para los ángeles terrenales. *Doreen Virtue*

Reinos de los ángeles terrenales. *Doreen Virtue*

Salvado por un ángel. *Doreen Virtue*

Sanación con hadas. *Doreen Virtue*

Sanación con los ángeles. *Doreen Virtue*

Santos y ángeles. *Doreen Virtue*

Señales del cielo. *Doreen Virtue & Charles Virtue*

Terapia con ángeles. *Doreen Virtue*

Vivir sin dolor. *Doreen Virtue & Robert Reeves*

Esta obra se imprimió
en los talleres de
IMPRESOS MEGAUNIÓN S.A. DE C.V.
Calle 8 manzana 49 lote 16
Deleg. Iztapalapa C.P. 09920
Col. José Lopéz Portillo
Tel. 5845-6296